सु[illegible]

बदलते पहलू और बिखरते रंग

आशा सिंह गौर

notionpress
.com

INDIA · SINGAPORE · MALAYSIA

Notion Press Media Pvt Ltd

No. 50, Chettiyar Agaram Main Road,
Vanagaram, Chennai, Tamil Nadu - 600 095

First Published by Notion Press 2021
Copyright © Asha Singh Gaur 2021
All Rights Reserved.

ISBN 978-1-63904-539-6

This book has been published with all efforts taken to make the material error-free after the consent of the author. However, the author and the publisher do not assume and hereby disclaim any liability to any party for any loss, damage, or disruption caused by errors or omissions, whether such errors or omissions result from negligence, accident, or any other cause.

While every effort has been made to avoid any mistake or omission, this publication is being sold on the condition and understanding that neither the author nor the publishers or printers would be liable in any manner to any person by reason of any mistake or omission in this publication or for any action taken or omitted to be taken or advice rendered or accepted on the basis of this work. For any defect in printing or binding the publishers will be liable only to replace the defective copy by another copy of this work then available.

उत्सर्ग

मेरी माँ के लिए, जिनकी सख्ती के आगे हमें हारने की अनुमति ही नहीं थी।

मेरे पिताजी के लिए, जिनके स्नेह की छाँव हमें माँ की सख्ती से हमेशा बचाती रही।

यह किताब इन दोनों के स्नेह और प्रोत्साहन का ही परिणाम है, क्यूँकि ये दोनों ही इस किताब की आधे से ज़्यादा कविताओं के प्रेरणा स्त्रोत हैं।

अनुक्रमणिका

प्राक्कथन......................................11

अनींदी आँखें 15

१ थोड़ी सी नींद..............................16
   Thodi Si Neend........................18
२ चाँदनी की साजिश........................20
   Chaandani Ki Saajish................22

प्रेम और विरह 24

१ प्रेम का गीत................................25
   Prem Ka Geet..........................27
२ प्रेम क्या?...................................29
   Prem Kyaa?.............................31
३ नया वसंत..................................33
   Naya Vasant............................35
४ प्रेम ही प्रेम 37
   Prem Hi Prem..........................39
५ धाँस...41
   Dhaans....................................43
६ फर्क नहीं पड़ता..........................45
   Fark Nahi Padta 48

अनकहे शब्द: स्त्री विमर्श 51

1. पांचाली 52
   Paanchaali 55
2. मारी जाती हूँ मैं हर दिन, हर पल 58
   Maari Jaati Hun Mai Har Din, Har Pal 60
3. विदाई 62
   Vidaai 64
4. मुक्त छंद 66
   Mukt Chhand 66

प्रकृति और हम 69

1. गुम 70
   Gum 73
2. चेतावनी 76
   Chetaavani 81
3. मैं जल हूँ 85
   Mai Jal Hun 88
4. बारिश 91
   Baarish 94
5. चाँदनी 97
   Chaandani 99

जीवन और इसके सवाल जवाब 101

1. ख्वाहिशों के परिंदे 102
   Khwahishon Ke Parinde 104

२ सुर्ख लाल बर्फ़	106
Surkh Laal Barf	108
३ दो हाथ ज़मीन	110
Do Haath Zameen	113
४ इंतज़ार	115
Intezaar	117
५ खामोश पानी	119
Khaamosh Paani	121
६ बंद किताब	123
Band Kitaab	125
७ खाली स्लेटें	127
Khaali Salatein	130
८ बहेंगे जो आज आँसू	133
Bahenge Jo Aaj Aansu	135
९ जीवन एक तमाशा है	137
Jeevan Ek Tamasha Hai	140
१० आस्था के फूल	143
Aastha Ke Phool	148
११ सिक्के	153
Sikke	155
१२ प्रतियोगिता का संसार	157
Pratiyogitaa Kaa Sansaar	159
१३ शब्द बाण	161
Shabd Baan	163
१४ नकाब	165
Nakaab	168

१५ कुछ सुनहरे शब्द 171
Kuchh Sunehre Shabd 173
१६ अँधेरे कमरे 174
Andhere Kamre 176
१७ मज़दूर 178
Mazdoor 180

उत्साह, आत्मविश्वास और देशप्रेम 182

१ झूठा अंधेरा 183
Jhootha Andhera 185
२ हम राही हैं उस रस्ते के 187
Hum Raahi Hain Us Raste ke 189
३ सपने दिलों में पला करते हैं 191
Sapne Dilon Mein Palaa Karte Hain...193
४ सरहदें 195
Sarhadein..198
५ नहीं चाहिए मुझे मुक्ति 201
Nahin Chaahiye Mujhe Mukti 204
६ शाखें 206
Shaakhein 208
७ मन मेरा 210
Man Meraa 213
८ तुम गीत आज बस गाओ वो 216
Tum Geet Aaj Bas Gao Vo 217
९ आज, कह दो 218
Aaj, Keh Do 220

खट्टे-मीठे रिश्ते 222

१ ये रिश्ते 223
  Ye Rishte 225
२ सिल्वटें 227
  Silvatein 230
३ दो जोड़ी हाथ और दो जोड़ी पैर 233
  Do Jodi Haath Aur Do Jodi Pair 236
४ मेरी माँ 239
  Meri Maa 241
५ पेड़ पर अटकी पतंगें 243
  Ped Par Ataki Patangein 246

बचपन की यादें 249

१ बचपन की होली 250
  Bachpan Ki Holi 254
२ बचपन वाली मेहँदी 258
  Bachpan Wali Mehandi 262
३ बचपन 266
  Bachpan 269
४ गर्मी कि छुट्टियाँ 272
  Garmi Ki Chhuttiyaan 276

प्राक्कथन

जब आशा ने मुझसे अपनी कविता की पुस्तक के बारे में लिखने के लिए कहा, तो मुझे नहीं पता था कि मैं इन कविताओं में छिपे भावनाओं के सागर को कैसे व्यक्त कर पाऊँगी। एक बड़ी बहन के रूप में जिस तरह मैंने इन कविताओं को आत्मसात किया, वह उनके पाठकों से बिल्कुल अलग है। पर फिर भी इन कविताओं में सबके के लिए कोई न कोई भाव छिपा हुआ है। ये ऐसी कविताएँ हैं जो मुझे समय में पीछे ले गईं और मुझे आशा के चेहरे पर झलकती अनकही भावनाओं की कल्पना करने पर मजबूर कर दिया। ये वही अनकही भावनाएं हैं जिन्हें आशा ने अपनी कविताओं में उकेर दिया है। हर कविता में कुछ ऐसा होता है जिससे कोई भी जुड़ सकता है। उनकी कविताएँ अलग हैं पर समझने में उतनी ही सरल भी हैं।

आशा की कविताओं में भाषा के प्रयोग को अनदेखा करना कठिन है। कठिन हिंदी शब्दों के प्रयोग से धीरे- धीरे सरल दैनिक भाषा के प्रयोग की ओर झुकाव स्पष्ट है। कविताओं में रूपक अलंकार का उपयोग कथ्य की सुंदरता को बढ़ा रहा है। वह साधारण दैनिक वस्तुओं की गहरी मानवीय भावनाओं से तुलना करके पाठकों को आश्चर्यचकित कर देती हैं। उनकी कविताओं में अभिव्यक्ति की सरलता बहुत प्यारी है जो किताब को बंद कर के एक तरफ रख देना मुश्किल कर देती हैं।

इस पुस्तक की प्रत्येक कविता एक अलग विषय और भावना का प्रतिनिधित्व करती है। कुछ कविताएँ हैं जिन्होंने मेरे मन को इस तरह छू लिया कि उन कविताओं पर कुछ पंक्तियाँ लिखे बिना यह परिचय अधूरा रह जायेगा। उनकी कविता **'झूठा अँधेरा'**, अंधेरे के अस्तित्व को नकारती है और रात को, दिन के चौबीस घंटों के ही बीच का एक और हिस्सा बताती है। **'पांचली'** में नारीवाद की आवाज़ स्पष्ट है। इस कविता में कवियित्री द्रौपदी के फैसलों पर प्रश्न उठाती हैं और उसकी स्थिति की तुलना उन दुविधाओं से करती है जिनसे हर महिला को आज भी जूझना पड़ रहा है। उनकी कविता **'सरहदें'** में देश की सीमाओं को एक महिला के रूप में चित्रित किया गया है। एक महिला जो युद्ध के बाद युद्ध को सहन करने पर मजबूर है। उनके इस चित्रण ने मुझे अचंभित कर दिया। यह कविता मनुष्य के लिए स्वतंत्रता के सीमित अर्थ और उसके बढ़ते लालच का भी प्रतिनिधित्व करती है।

'चेतावनी' मनुष्य के बढ़ते लालच और सत्ता की भूख के दुष्परिणामों को व्यक्त करती है। कविता में हिरोशिमा और नागासाकी पर हुए परमाणु विस्फोट के बाद हुई आपदा का वर्णन है। यह कविता हमारे ग्रह और सभी जीवों को बचाने के लिए शांति और सार्वभौमिक भाईचारे के महत्व पर ज़ोर देती है। उनकी पंक्तियाँ-

> **मानव बुद्धि का जोड़ नहीं,**
> **इसकी नवीनता का निचोड़ नहीं,**
> **आज लकड़ियाँ समेटने आया था,**
> **कल चिता अपनी सजायेगा,**
> **परसों का दिन इतिहास में**
> **जलती भूमि कहलायेगा।**

आज हम जिस दौर से गुजर रहे हैं, ये उसी का तो वर्णन है। हमने लाखों लोगों की जान गंवाई है और महामारी के कारण लाखों चिताएं जलती हुई देखी हैं। ये पृथ्वी एक शमशान भूमि में बदल गई है।

'थोड़ी सी नींद' और **'चाँदनी की साजिश'** में छिपी मासूमियत हर अनिद्रा से ग्रसित दिल को छू सकती हैं। ये कविताएँ एक अनिद्रा के रोगी की छोटी-छोटी शिकायतें हैं।

छेड़ो कुछ मीठी सी बातें
बाग में सोती परी की,
बताओ फिर कि जंगलों में
खोके वो कैसे डरी थी।

'चाँदनी' और **'चाँदनी की साजिश'** में आप चाँदनी को एक महिला के रूप में देखेंगे जो कविता के नारीवादी स्वर और सुंदरता को बढ़ा देती है। आशा की कविताओं में साधारण रूपकों के प्रयोग को नकारा नहीं जा सकता। आप प्रत्येक कविता में विभिन्न वस्तुओं और तुलनाओं को देख सकते हैं। उन्होंने अपनी कविता **'सिलवटें'** में जो कहानी बुनी है, वह पाठक को अपने आस-पास की दुनिया को एक अलग नज़रिये से देखने पर मजबूर करती है। इस कविता को पढ़ने के बाद अचानक ही हर बुज़ुर्ग दादी और दादा जी की तस्वीर मेरे मन में उतर गई जो एक उपेक्षित जीवन जीते हैं और अपने पोते या पोती की देख-रेख के लिए चौबीस घंटे उपस्थित रहते हैं। उनकी हँसी देखकर ही अपना जीवन व्यतीत कर देते हैं अपने बच्चों से स्नेह की उम्मीद किए बिना।

'सुर्ख लाल बर्फ़', जिसने इस किताब को शीर्षक दिया, मेरी पसंदीदा कविता है क्यूँकि वह पाठक को बिना उसके जाने, उन गहरी और अस्पष्ट भावनाओं के साथ छोड़ देती हैं जिन्हें कवियित्री

ने कश्मीर की खामोश और मंत्रमुग्ध कर देने वाली सुंदरता के बीच महसूस किया था।

'नहीं चाहिए मुझे मुक्ति' मन के अंतर्द्वंद्व से उप्जी कविता है। क्या ये कवियित्री की अपनी मनोदशा है? शायद हाँ, शायद नहीं। ऐसा हो सकता है कि यह किसी और की निराशा है जिसे उन्होंने अपने शब्द दिए हैं। हालाँकि, मुझे इस कविता में एक आंतरिक रस्साकशी महसूस हुई जहाँ नायिका अपनी नकारात्मकता से लड़ रही है। सकारात्मकता और सपनों को सच कर पाने की इच्छा एक ऐसी शक्ति है जो किसी को भी निराशा से बाहर निकाल सकती है। यह कविता इस बात को प्रमाणित करती है कि हम अपनी आंतरिक शक्ति से नकारात्मकता को हरा सकते हैं।

ये वे कविताएँ हैं जो मुझे छू गईं पर इस किताब कि कविताओं में आपको प्यार, विश्वासघात, सुंदरता, लालसा, देशभक्ति, आत्मविश्वास और अन्य कई मानवीय भावनाओं का गुलदस्ता मिलेगा। आशा मुझे इस किताब के साथ एक खूबसूरत यात्रा पर ले गई जिसे भुला पाना मेरे लिए कठिन है। मुझे आश्चर्य है कि उसने मुझे अपनी पुस्तक का परिचय लिखने के लिए चुना, लेकिन मुझे खुशी है कि उसने ऐसा किया। मैं और बहुत कुछ कहती, पर मैं आप सबको यहाँ अटका कर नहीं रखना चाहती हूँ। मुझे आशा है कि 'आशा' की इस किताब के साथ आपका सफर भी उतना ही सुखद और रोमांचक होगा जितना मेरा सफर रहा।

- डॉ. रजनी गौर

अनींदी आँखें

अनींदी आँखों, में वो कविताएँ हैं जो एक अनिद्रा से जूझते व्यक्ति की परेशानियों को शब्द देती हैं। कुछ घंटों की चैन की नींद के सामने एक अनिद्रा से ग्रसित व्यक्ति के लिए और कुछ भी प्रिय नहीं है।

Aneendi Aankhein has the poems that give words to the frustrations of an insomniac. Nothing is dearer to an insomniac in front of a few hours of sound sleep.

थोड़ी सी नींद

दूर सुनहरे पंछियों के
देश के किस्से सुना दो,
और पंखों में छिपा था राज़ क्या
ये भी बतादो ।

छेड़ो कुछ मीठी सी बातें
बाग में सोती परी की,
बताओ फिर कि जंगलों में
खोके वो कैसे डरी थी।

मेले में ही जाने का
कैसे किसी का मन बड़ा था
और कैसे भीड़ में फिर
जेब से बटुआ गिरा था।

या फिर जादू की छड़ी सी
मीठी कोई लोरी सुना दो,
कुछ भी करो पर आज मुझको
थोड़ी सी तुम नींद लादो।

Thodi Si Neend

Door sunahre panchhiyon ke
Desh ke kisse sunaa do,
Aur pankhon mein chhipaa thaa raaz kyaa,
Ye bhi bataa do.

Chhedo kuchh meethi si baatein
Baag mein soti paree ki,
Batao fir ki jangalon mein
Khoke wo kaise dari thi.

Mele mein hi jaane ka
Kaise kisi kaa man badaa thaa
Aur kaise bheed mein fir
Jeb se batuaa giraa thaa.

Yaa fir jaadu ki chhadi si,
Meethi koi lori sunaa do.
Kuchh bhi karo par aaj mujhko
Thodi si tum neend laa do.

चाँदनी की साजिश

आजकल चाँदनी मुझे सोने नहीं देती,
बिखरी रहती है रात भर
पलकों में पलकें ये खोने नहीं देती,
आजकल चाँदनी मुझे सोने नहीं देती।

चमक रहा है चाँद
मेरी खिड़की के ठीक बाहर।
घुस आती हैं बिना पूछे,
मेरे कमरे में ये अँधेरा,
होने नहीं देती।
आजकल चाँदनी मुझे सोने नहीं देती।

मजबूरी में मुझे
उठना पड़ता है कई बार।
ठीक करती हूँ परदे,

पर वो भी ये होने नहीं देती।
साजिश कर हवा के साथ,
उड़ा देती है कोने
और चौंधिया जाती है आँखें।
आती हुई नींद में भी
खोने नहीं देती।
आजकल चाँदनी मुझे सोने नहीं देती।

अलसाई आँखों में भी
नींद के बिस्तर
ये होने नहीं देती।
आजकल चाँदनी मुझे सोने नहीं देती।

Chaandani Ki Saajish

Aajkal chaandani mujhe sone nahi deti.
Bikhari rehti hai raat bhar,
palkon mein palkein ye khone nahin deti.
Aajkal chaandani mujhe sone nahi deti.

Chamak rahaa hai chaand
meri khidki ke thheek baahar,
Ghus aati hai binaa poochhe
mere kamre mein
ye andhera hone nahi deti
aajkal chaandani mujhe sone nahi deti.

Majboori mein mujhe
uthnaa padtaa hai kai baar.
Theekh karti hun parde,
par wo bhi ye hone nahi deti.

Saajish kar hawaa ke saath
udaa deti hai kone,
Aur chaundhiyaa jaati hai aankhein.
Aati hui neend mein bhi khone nahi deti
aajkal chaandni mujhe sone nahi deti.

Alsaai aankho mein bhi
neend ke bistar ye hone nahi deti,
Aajkal chaandani mujhe sone nahi deti.

प्रेम और विरह

प्रेम और विरह में प्रेम की सुंदरता और विरह की पीड़ा से प्रेरित कविताएँ हैं। जिन लोगों ने प्यार का अनुभव किया है, उन्होंने अपने व्यक्तिगत अनुभव के अनुसार इसका वर्णन करने की कोशिश की है जो उनके लिए सच है। इनमें से कोई भी परिभाषा सही या गलत नहीं है। वे सभी सही हैं और वे सभी स्वीकार्य भी हैं। प्रेम जितना गहरा होता है, बिछड़ने का दर्द भी उतना ही असहनीय होता है। प्यार और विरह की पीड़ा केवल प्रेमी तक ही सीमित नहीं है, बल्कि हर उस रिश्ते का अभिन्न अंग हैं जो हमारे जीवन को सुंदर और जीने लायक बनाते है।

Prem aur Virah has poems inspired by the joys of love and the pain of separation. Everyone who has experienced love, has tried to describe it as per their personal experience which is true to them. None of these definitions are right or wrong; they are all right and they are all accepted. Deeper the love, greater is the pain of separation. Love and separation are not restricted to the lover, but it is a part of every relationship that makes our life beautiful and worth living.

प्रेम का गीत

अम्बर-अम्बर बादल बनकर
मैं गीत प्रेम के लाई थी,
हवा भी संग अपने कई
खुशबूएं नई सी लाई थी।

मेहकते फूलों कि ज्यों
खिल रहीं थीं कलियाँ कहीं,
या कहीं भटकते कस्तूरी की
महक चुरा लाई थी।

छिपा यों सूरज घटा में
सांझ सी घिर आई थी,
झोकों ने फिर पत्तियों की
उल्झनें सुल्झाईं थी।

ऐसे में जब बादलों ने
धरती को सहलाया था,
वादियों ने देर में
ये सुख अनोखा पाया था।

तृप्त दिखते थे जो अब तक
प्यासे थे रज-कण सभी,
धरती की सीली गोद में
जीवन फिर मुस्काया था,

जब बादलों में छिपा
प्रेम का गीत मैंने गाया था।

Prem Ka Geet

Ambar ambar baadal bankar
main geet prem ke laai thi.
Hawaa bhi sang apne kai
khushbuein nai si laai thi.

Mehakte phoolon ki jyon,
Khil rahi thin kaliyaan kahin,
Yaa kahin bhatakte Kasturi ki
Mehak chura laai thi.

Chhipaa yun sooraj ghataa mein,
Saanjh si ghir aai thi,
Jhonkon ne fir pattiyon ki
Uljhanein suljhai thi.

Aise mein jab baadlon ne
Dharti ko sehalaayaa thaa,
Vaadiyon ne der mein
Ye sukh anokhaa paayaa thaa.

Tript dikhte the jo ab tak
Pyaase the raj kan sabhi,
Dharti ki seeli god mein
Jeevan fir muskaayaa thaa,

Jab baadlon mein chhipa
Prem kaa geet maine gaayaa thaa.

प्रेम क्या?

पूछे कोई, "बोलो आशा,
ये प्रेम कैसा होता है?"
है कठिन देना कोई परिभाषा
ये इतना गहरा होता है।

जैसे पुष्पित कोई डाली
बलखाए पवन की मार से,
यूँ शरमाए, ढ़लकी जाए,
झुक जाए खुद के भार से
ये इतना कोमल होता है।

जैसे नदिया हर पल कल-कल
मुड़ जाती है हर मोड़ पर,
शिलाएं, पत्थर, बजरी, मिट्टी
बलखा जाएं जिस शोर पर,
ये उतना चंचल होता है।

जैसे हँसी छलकी जाए
तोड़कर अधरों के बाँधों को
और क्षण क्षण पर फिर लहराकर
झनकाए मन के तारों को,
ये इतना सुंदर होता है।

हो जाए तो बढ़ता जाए
बस लक्ष बिना चलता जाए
जो कोई इसमें खोता है,
आँखों आँखों में होता है
ये प्रेम ऐसा होता है।

Prem Kyaa?

Poochhe koi, "Bolo Asha,
Ye prem kaisaa hotaa hai?"
Hai kathin denaa koi paribhaashaa
ye itnaa gehraa hotaa hai.

Jaise pushpit koi daali
balkhaaye pavan ki maar se,
yun sharmaaye, dhalki jaaye,
jhuk jaaye khudke bhaar se,
ye itnaa komal hotaa hai.

Jaise nadiyaa har pal kal-kal
mud jaati hai har mod par,
shillaaein, patthar, bajari, mitti
balkhaa jaayein jis shor par,
ye utnaa chanchal hotaa hai.

Jaise hansi chhalki jaae,
todkar adharon ke baandhon ko
aur kshan-kshan par fir lehraakar
jhankaaye man ke taaron ko,
ye itnaa sundar hotaa hai.

Ho jaaye to badhtaa jaaye.
Bas lakshya bina chaltaa jaaye,
jo koi ismein khotaa hai.
Aankhon aankhon mein hotaa hai,
Ye prem aisa hotaa hai.

नया वसंत

मुझे टूटा देखकर

बहुत खुश हुए थे तुम।

बहते आसुओं को देखकर,

गुदगुदा उठे थे।

सोच बैठे थे

की पतझड़ में

शाखों से गिरे पत्तों की तरह

सूख कर चूरा हो जाउंगी।

अपनी पीड़ा में शेष हो जाउंगी।

पर हर पतझड़ के पीछे

वसंत भी तो आता है,

और समेट लाता है

सब खोए रंग।

फूट पड़ता है जीवन,

हर फूटते अंकुर और
हर खुलती कोपल के संग।

अंगड़ाई लेती प्रकृति में
मैं कैसे अछूति रह जाती?
मुझ पर भी
नया रंग छा गया है।
अब तुम बहाओ आँसू
मेरी हँसी देखके,
मेरे जीवन में भी
नया वसंत आ गया है।

Naya Vasant

Mujhe tootaa dekhkar
bahut khush hue the tum.
Behate aansuyon ko dekhkar,
gudgudaa uthe the.
Soch baithe the
ki patjhad mein
shaakhon se gire patton ki tarah
sookh kar choora ho jaungi.
Apni peeda mein shesh ho jaungi.
par har patjhad ke peechhe,
basant bhi to aataa hai
aur samet laataa hai
sab khoye rang.
Foot padtaa hai Jeevan,
har footate ankur aur
har khulti kopal ke sang.

Angdaai leti prakriti mein,

mai kaise achhooti reh jaati.

Mujh par bhi nayaa

rang chhaa gayaa hai.

Ab tum bahaao aansu

meri hansi dekhke,

mere jeevan mein bhi

nayaa Vasant aa gayaa hai.

प्रेम ही प्रेम

है प्रेम, प्रेम का अर्थ
प्रेम को परिभाषा देना है व्यर्थ।
है प्रेम हिमालय सम ऊँचा
गहरे सागर से भी गहरा।
है विशाल बड़ा अम्बर की तरह
सुरभित, सुन्दर फूलों की तरह।

है प्रेम तो नदियाँ बेहतीं हैं
मिलने को सागर से हर पल
है प्रेम जो भवरे फिरते हैं
गुनगुनाते फूलों पर मुड़कर।

है प्रेम धरती की ये प्रयास।
है प्रेम लहरों की आवाज़।
है प्रेम चातक का सय्यम।

है प्रेम कोयल की मिठास।
बिन शब्दों की मीठी बोली है,
ये प्रेम कभी ठिठोली है,
कभी खुशियों की रंगोली है।

वीरों का प्रेम ही है साहस,
प्रिय के आने की ये आहट।
जीने का यही आधार है,
जीवन का सही सार है।

घट-घटव्यापि का है स्वरूप
इसके हैं जाने कितने रूप ।
अब तक भी नहीं कोई समर्थ
दे सके इसे उपयुक्त अर्थ
यूँ ही निकलता है निष्कर्ष,
है प्रेम, प्रेम का अर्थ
प्रेम को परिभाषा देना है व्यर्थ।

Prem Hi Prem

Hai prem, prem kaa arth,
Prem ko paribhaashaa denaa hai vyarth.
Hai prem Himalaya sam oonchaa,
Gahre saagar se bhi gahraa.
Hai vishal badaa ambar ki tarah,
Surbhit, sundar foolon ki tarah.

Hai prem jo nadiyaan behti hain
milne ko saagar se har pal.
Hai prem jo bhanvre firte hain
gungunaate, foolon par mudkar.

Hai prem dharti ki ye pyaas.
Hai prem lehron ki aawaz.
Hai prem chaatak ka sayyam.
Hai prem koyal ki mithaas.

Bin shabdon ki meethi boli hai,
ye prem kabhi thitholi hai,
kabhi khushiyon ki Rangoli hai.
Veeron ka prem hi hai saahas,
priy ke aane ki ye aahat.

Jeene ka yahi adhaar hai,
jeevan ka sahi saar hai.
Ghat-ghatvyaapi kaa hai svaroop,
iske hain jaane kitne roop.

Ab tak bhi nahin koi samarth,
de sake ise upyukt arth.
Yun hi nikaltaa hai nishkarsh,
hai prem prem kaa arth,
prem ko paribhaashaa denaa hai vyarth.

धाँस

ये क्या है जो दिल में
धँसा सा जाता है?
लहु लुहान कर देता है
जब भी पास आता है।
रिसता है खून
मेरे जिस्म से ही नहीं,
आँखों से भी, और
रोम रोम तड़प जाता है।

यादें हैं कुछ,
जिन्हें कभी मैंने ही
पनाह दी थी,
दिल के दरवाज़े क्या
खिड़कियाँ भी खोल दी थीं,
अब सड़ने लगी हैं

और धाँस सी दिल में
गड़ने लगीं हैं।

कभी कभी अपनी सड़न का
एहसास दिला जाती हैं।
मैं सोचती हूँ, चलो जाने दो,
पर ये आरी सी दिल को काटती,
हर दर्द याद दिला जाती हैं।

पर अब इनसे मुझे डर नहीं लगता,
ये गड़ें, सड़े, चाहे जितना खून बहाएं।

मैंने नई यादों को दावत दे दी है
उनकी खुशबू के सामने
ये दुर्गंध कब तक टिक पाएगी?
इन खुशनुमा पलों की आंच में
ये धाँस भी पिघल जाएगी।

Dhaans

ye kyaa hai jo dil mein
dhansaa jaa rahaa hai?
Lahu-luhaan kar detaa hai
jab bhi paas aata hai.

Ristaa hai khoon
mere jism se hi nahin,
aankhon se bhi, aur
rom-rom tadap jaataa hai.

Yaadein hain kuchh,
jinhein kabhi maine hi
panaah di thi.
Dil ke darwaaze kyaa,
khidkiyaan bhi khol di thi,
ab sadne lagin hain

aur dhaans si dil mein
gadne lagin hain.

Kabhi-kabhi apni sadan ka
ehsaas dila jaati hain.
Main sochti hun, chalo jane do,
par ye, aari si dil ko kaatati,
har dard yaad dilaa jaati hain.

Par ab inse mujhe dar nahin lagtaa,
ye gadein, sadein, chaahe jitnaa khoon bahayein.

Maine nai yaadon ko daawat de di hai.
Unki Khushboo ke saamne,
ye durgandh kab tak tik paaegi?
In khushnuma palon ki aanch mein,
ye dhaans bhi pighal jaaegi.

फर्क नहीं पड़ता

शिकायतों से तेरी अब मुझे फर्क नहीं पड़ता।
तू बुलाए हज़ार बार,
पर अब मिलने का मन नहीं करता।
तू गया था अपनी मर्ज़ी से,
मेरी परवाह किए बगैर,
अब वापस आए, न आए,
मुझे फर्क नहीं पड़ता।

जब तू था, मैंने चाहा तुझे चाहत की हद तक,
तेरे आने से पहले ही,
मेरे दरो-दीवार महक जाया करते थे।
अब तू बैठा हो बगल की कुर्सी पर,
तो भी तेरे होने का
एहसास नहीं होता।

मत सोचना कि तेरी चिकनी ज़बान
और आँखों में तैरते झूठ में
मैं फिर बहक जाउंगी।
अब तेरी चाह के उफान
और ख्वाहिशों के तूफ़ान से
मुझे डर नहीं लगता।

मेरा हर एक लम्हा,
हर शह और हर एक मात
अब बस मेरे हैं।
मैं ढूंढ लेती हूँ
भीड़ के बीच अपनी पहचान,
अब मुझे तनहा राहों में
अकेले चलने से
डर नहीं लगता।
शिकायतों से तेरी अब मुझे फर्क नहीं पड़ता।

गर आना भी चाहे कभी,

तो अपने क़दमों को रोक लेना।

तेरी खैरियत के लिए

लड़ जाती थी मैं कभी,

पर अब, तेरे मुँह पर

हज़ार दरवाज़े बंद हों तो हों,

मुझे अब तेरी बदनामी और

बेइज़्ज़ती से फर्क नहीं पड़ता।

शिकायतों से तेरी अब मुझे फर्क नहीं पड़ता।

Fark Nahi Padta

Shikaayton se teri ab mujhe fark nahi padta,
Tu bulaaye hazaar baar par
ab milne kaa man nahi kartaa.
Tu gayaa thaa apni marzi se
meri parwaah kiye binaa,
Ab waapas aaye na aaye,
mujhe fark nahi padtaa.

Jab tu thaa, maine chaahaa tujhe chaahat ki had tak.
Tere aane se pehle hi,
mere daro-diwaar mehek jaayaa karte the.
Par ab tu baitha ho bagal ki kursi par,
To bhi tere hone kaa ehsaas nahi hotaa.

Mat sochnaa ki teri chikni zabaan,
aur aankhon mein tairte jhoonth mein

mai fir behek jaaungi.
Ab Teri chaah ke ufaan aur
khwaahishon ke toofan se
mujhe dar nahi lagtaa.

Meraa har ek lamhaa,
har sheh, aur har ek maat,
ab bas meri hai.
Mai dhoond leti hun
bheed ke beech apni pehchaan.
Ab mujhe tanhaa rahon mein
akele chalne se
dar nahi lagtaa.
Shikaayaton se teri ab mujhe fark nahi padtaa,

Gar aana bhi chaahe kabhi to
apne kadmon ko rok lenaa.
Teri khairiyat ke liye
lad jaati thi mai kabhi,
Par ab tere muh par

hazaar darwaaze band hon to hon.

Mujhe ab teri badnaami aur

beizatti se fark nahi padtaa.

shikaayaton se teri ab mujhe fark nahi padtaa.

अनकहे शब्द: स्त्री विमर्श

स्त्रियाँ युगों से लड़ती चली आ रही हैं। वे अपने अधिकारों के लिए कभी न खत्म होने वाले युद्ध लड़ रही हैं; समान अवसरों के अधिकार, शिक्षा का अधिकार, समान श्रम के लिए समान मज़दूरी या वेतन का अधिकार, वित्तीय स्वतंत्रता पाने के लिए अपने सपनों का साकार करने का अधिकार और सबसे महत्वपूर्ण, जीने का अधिकार। यह खंड स्त्री की पीड़ा और संघर्ष को समर्पित है।

Women have been fighting from ages. They are fighting a never-ending war for their rights; rights to equal opportunities, right to education, right to equal wages, right to chase their dreams to get financial freedom and most important of all, the right to live. This section is dedicated to their pain and struggle.

पांचाली

कृष्ण वर्णा या बस कृष्णा,
द्रुपद पुत्री या द्रौपदी।
सभी सुंदर नाम थे तुम्हारे,
फिर तुम पांचाली
पांच पतियों वाली
क्यूँ बन गई?

भगवान कृष्ण की बहन,
अग्नी से उत्पन्न हुई तुम
ऊष्मा की स्वामिनी थीं।
अपने मान सम्मान
और अभिलाषायों को,
नि:संकोच प्रकट करने वाली थीं।
तुम्हीं हो जिसने स्वयमवर में
कर्ण का बहिष्कार किया था,
उसे अपनाने से इन्कार किया था,

फिर क्यूँ कुन्ती को, ना कह न सकीं?
क्यूँ बँट गई अनमनी सी
पाँच पुरुषों के बीच?
क्यूँ अपने प्रेम अर्जुन के लिए
सबसे लड़ न सकी?

कुन्ती तो काल की मारी थी,
सौंदर्य तुम्हारा
बाँट न दे बेटों को,
इसी कल्पना से हारी थी।
बाँट गई तुमको पाँचों में,
चाल अपनी चल वो गई।
ममता नहीं वो स्वार्थ था उसका
और तुम, फिर ठगी गई।

सब कहते हैं तुम शापित थीं
जो मांग बैठी अपने वर में
सर्वश्रेष्ठ गुण पाँच
तुम बुद्धिमती क्यूँ भूल गईं
सर्वगुण सम्पन्न होती है

बस नारी नर नहीं,
और यही बन गया
तुम्हारे जीवन का संताप।

तब से लेकर अब तक
हर युग में बँटती आई हो
अनचाहे रिश्तों में धकेली
और अपनी इच्छा के विरुद्ध
लुटती आई हो।
तुम्हारी व्यथा सुनेगा कौन यहाँ?
तुम हर महाभारत का
एकमात्र कारण हो,
हर उठती उंगली में खुदको खोती,
हर पल टूटती आई हो।

बस इसलिए क्यूँकि तुमने चाहा था,
एक पूर्ण पुरुष का साथ?
मिथक है जो तब से अब तक,
है ये समय का कैसा आघात।

Paanchaali

Krishna Varnaa yaa bas Krishnaa.
Drupad putri yaa Draupadi,
sabhi sundar naam the tumhare.
Fir tum Paanchaali,
paanch patiyon waali kyun ban gai?

Bhagwaan Krishna ki behan,
agni se utpann hui tum,
ushma ki swaamini thin.
Apne maan sammaan
aur abhilaashayon ko,
nihsankoch prakat karne waali thin.
Tumhi ho jisne swayamwar mein
Karn ka bahishkaar kiya tha,
use apnaane se inkaar kiya tha.

Fir kyun Kunti ko naa, keh na sakin?
Kyun bant gai anmani si
paanch patiyon ke beech?
Kyun apne prem Arjun ke liye,
sabse lad na sakin?

Kunti to kaal ki maari thi,
Saundarya tumharaa
Baant na de beton ko
Isi kalpanaa se haari thi.
Baant gai tumko paanchon mein,
Chaal apni chal vo gai.
Mamtaa nahin, wo swaarth tha uskaa
aur tum, fir thagi gai.

Sab kehte hain tum shaapit thin
jo maang baithi apne var mein,
sarvashreshth gun paanch.
Tum buddhimati kyun bhool gai,
sarvagun sampann hoti hai bas naari,

nar nahin,
aur yahi ban gaya
tumhare Jeevan ka santaap.

Tab se lekar ab tak,
har yug mein bantati aai ho.
Anchaahe rishton mein dhakeli,
aur apni ichchha ke viruddh
lutati aai ho.

Tumhaari vyathaa sunega kaun yahaan?
Tum har Mahabharat kaa,
ekmaatra kaaran ho.
Har uthati ungli mein khudko khoti
har pal tootati aai ho.

Bas isliye kyunki tumne chaahaa thaa,
ek poorn purush kaa saath?
mithak hai jo tab se ab tak,
hai ye samay kaa kaisaa aaghaat.

मारी जाती हूँ मैं हर दिन, हर पल

मारी जाती हूँ मैं हर दिन, हर पल,
आँखें खुलने से पहले ही सुला दी जाती हूँ,
और आवाज़ उठाने से पहले ही दबा दी जाती हूँ।
कहीं खुला आसमान मुझे लुभा ना ले,
इसलिए आजकल कोख से ही बहा दी जाती हूँ।

जो कहते हैं मैं शक्ती हूँ,
डर से मुझे पैदा ही नहीं होने देते।
जो कहते हैं मैं लक्ष्मी हूँ,
अपनी ही देहरी पर मेरे पांव पड़ने नहीं देते।

मेरी कब्र खोदके बैठे हैं जो
वो क्या जाने,
मुझमें भी सृष्टि बसती है।
हँसती हूँ मैं तो साथ मेरे,
ये सारी पृथ्वी हँसती है।

कभी दूध पिलाए थकते नहीं,
कभी ठंड में अकड़ा देते हैं,
फूलों की आशा करते हैं वो
जो क्यारियाँ जलाकर बैठे हैं।

जो जी जाती फिर भी तेरे
आंगन का नूर न बन पाती
मूंदी आंखों से भी
कड़वी सच्चाई मैंने देखी थी,
वो मेरे अपने ही तो थे,
जिन्होंने कूड़े में
लाश मेरी फेंकी थी।

Maari Jaati Hun Mai Har Din, Har Pal

Maari jaati hun mai har din, har pal,
Aankhe khulne se pehle hi sulaa di jaati hun.
Avaaz uthaane se pehle hi dabaa di jaati hun.
kahin khulaa aasmaan mujhe lubhaa na le,
is liye aajkal kokh se hi bahaa di jaati hun.

Jo kehte hain mai shakti hun,
dar se mujhe paidaa hi nahi hone dete.
Jo kehte hain mai lakshmi hun,
apni hi dehri par mere pair padne nahi dete.

Meri kabra khodke baithe hain jo
wo kyaa jaane,
mujh mein hi srishti basti hai.
Hansti hun main to saath mere
ye saari prithvi hansti hai.

Kabhi doodh pilaae thakte nahi,
kabhi thand mein akdaa dete hain.
Foolon ki aasha rakhte hain wo,
jo Kyaariyan jalaa kar baithe hain.

Jo jee jaati fir bhi tere
aangan ka noor na ban paati.
Moondi aankhon se bhi
kadvi sachchaayee maine dekhi thee.
Vo mere apne hi to the,
jinhone kude mein
laash meri fenki thee.

विदाई

अभी तो आई ही थी मैं
और कई सवालों के साथ
एक पल में,
तुमने मुझे विदा कर दिया।

तुम्हारे अंतर को
मैने अब तक पहचाना भी नहीं था।
कौन हो तुम,
और मैं कौन
ये जाना भी नहीं था।

बंद आँखें,
अधूरी उबासी,
पनपते रूई से कोमल आकार पर,
ना कोई ममता भरा स्पर्श,

ना ही प्यार से भर आई आँखों से
टपका कोई आँसू।
बस अभिषाप कहकर
तुमने मुझे ठुकरा दिया।

अभी तो खुले भी नहीं थे
मेरे होंठ और बंद थी आवाज़,
जो मैं चिल्लाती
मदद को पुकारती,
और तुमने मुझे मिटा दिया।

Vidaai

Abhi to aai hi thi mai
aur kai sawaalon ke saath
ek pal mein
tumne mujhe vidaa kar diya.

Tumhaare antar ko
ab tak maine pehchaanaa bhi nahi tha.
Tum kaun ho,
aur mai kaun
ye jaanaa bhi nahi thaa.

Band aakhein, adhoori ubaasi,
panapte rui se komal aakaar par,
na koi mamtaa bharaa sparsh,
na hi pyaar se bhar aai aankhon
se tapkaa koi aansu.

Abhishaap kehkar
mujhe tumne thukraa diya.

Abhi toh khule bhi nahi the
mere honth aur awaaz,
jo mai chillaati,
madad ko pukaarti
aur tumne mujhe mitaa diyaa.

मुक्त छंद

ढूँढ़ता है शहर-शहर मंज़िल को हर राही,
हर मंज़िल का मगर रस्ता नहीं होता।
पीती है अश्क़ ज़मीं भी तो किसी के,
हर बूँद का नसीब समंदर नहीं होता।

Dhoondta hai shehar-shehar manzil ko har raahi,
Har manzil kaa magar rastaa nahin hotaa.
peeti hai ashq zamin bhi to kisi ke,
har boond kaa naseeb samandar nahin hotaa.

***

खुशी एक एहसास है, दबे पांव चली आती है,
एक बार दिल के दरवाज़े खोलकर तो देखो।

Khushi ek ehsaas hai, dabe paanv chali aati hai,
Ek baar dil ke darwaaze kholkar to dekho.

***

ईंटों पर चढ़ती हर ईंट में, किसी की दुनिया बसती है,

इन अधूरी सी दिवारों में, उम्मीदें पूरी सी पलती हैं।

Eenton par chadhti har eent main, kisi ki duniya basti hai.

In adhoori si deewaron mein, ummeedein poori si palti hain.

***

दीवारें बस दीवारें नहीं होतीं,

इनसे घर और बाहर बनते हैं।

लटकाई जाती हैं इनपर पुरानी यादें,

और आने वाले कल के सपने पलते हैं।

Deewaarein bas deewaarein nahi hotin,

inse ghar aur baahar bante hain.

Latkaai jaati hain inpar puraani yaadein,

Aur aane waale kal ke sapne palte hain.

***

आँखें बोल जाती हैं वो सब
जिसपर आकर ज़बान सिल जाती है,
तमन्नाओं के उड़ते परिंदों को
एहसासों की ज़मीन मिल जाती है।

Aankhein bol jaati hain wo sab,
jispar aakar zabaan sil jaati hai.
tamannayon ke udte parindon ko,
ehsaanson ki zameen mil jaati hai.

***

प्रकृति और हम

प्रकृति ने मनुष्यों को एक तेज मस्तिष्क का उपहार दिया है जिसे वह हमेशा से ही अपने जीवन को सुधारने में इस्तेमाल करता आया है। नए आविष्कारों से अपने आस-पास की दुनिया में सुधार करता आया है। लेकिन समय के साथ मनुष्य ने प्रकृति के इन उपहारों का गलत फायदा उठाना शुरू कर दिया है और विध्वंसकारी शक्तियों का निर्माण करना शुरू कर दिया है। मनुष्य ये भी भूल गया है कि वो भी इस विनाश का हिस्सा होगा। मनुष्य की इसी लापरवाही से प्रेरित हैं, इस अंक की कविताएं।

Nature has gifted humans with a sharp, thinking mind which they used to invent and improve their lives. But with time they have started taking the gifts of nature for granted and created means of mass destruction forgetting that they too will be a part of this destruction.

गुम

जब मैं छोटी थी
आँगन में बैठती
हर एक चिड़िया को
घंटों एकटक देखा करती थी।

कत्थई बुलबुल कलंगी नचाती,
मैना की पीले घेरों वाली आँखें
दूर से ही दिख जाती,
फुदक-फुदक के आँगन में
मैना कितना शोर मचाती।

टीवी के एंटिना पर बैठा कौवा
जाने किस-किस का संदेशा लाता
उसे भी रोटी खिलाने में
मझे बहुत मज़ा आता था।

चटकीले पंख कबूतरों के
आँखों में बिखर जाते थे
पर अकेले में उनकी गुटर-गु से
नन्हे दिल काँप जाते थे।

धूल में नहाती गौरैयों के झुंड में
हम दौड़े चले जाते थे
और नन्ही गौरैयों को
फुर्र से उड़ा देते थे,
जितनी बार उड़ाओ
फिर मुड़कर आ बैठती थीं।
हमारे संग इस खेल का
वो भी मज़ा लूटती थीं।

पर अब दिवाली में
मिट्टी के दियों की तरह,
आँगन से चिड़ियों की चहक गुम है।
दिखावे के शोर के बीच में,
सादगी का संगीत गुम है।

मेरी मिट्टी की धूल
ज़हरीला धुआँ हो गई,
और धूल में नहाने वाली
गौरैया गुम है।

बचपन की यादें ऐसी,
कि उड़ते पंछी को पहचान दे दूँ।
पर अब इस खुले विस्तृत आकाश में,
धुंध है बहुत और उड़ानें गुम हैं।

Gum

Jab main chhoti thi,
aangan mein baithti
har ek chidiyaa ko
ghanton ektak dekhaa karti thi.

Katthai bulbul kalangi nachaati,
Maina ki peele gheron waali aankhein
door se hi dikh jaati,
fudak-fudak ke aangan mein
maina kitna shor machaati.

TV ke antenna par baitha kauva
jaane kis-kis ka sandeshaa laata.
Use bhi roti khilaane mein
mujhe bahut maza aata.

Chatkeele pankh kabootaron ke
aankhon mein bikhar jaate the,
par akele mein unki gutar-gu se
nanhe dil kaanp jaate the.
Dhool mein nahaati gauraiyon ke jhund mein
Hum daude chale jaate the,
Aur nanhi gauraiyon ko
furr se uda dete the.
Jitni baar udaao,
fir mudkar aa baithati thi,
hamaare saath is khel ka,
vo bhi mazaa lootati thi.

Par ab Diwali mein
mitti ke diyon ki tarah,
aangan se chidiyon ki chahak gum hai.
Dikhaave ke shor ke beech mein,
saadagi ka sangeet gum hai.
Meri mitti ki dhool
zahareela dhuan ho gai,

aur dhool mein nahaane waali
gauraiyaa gum hai.

Bachpan ki yaadein aisi
ki udte panchhi ko pehchaan de dun,
par ab is khule vistrit akaash mein,
dhund hai bahut, aur udaanein gum hain.

चेतावनी

हिरोशिमा और नागासाकी पर परमाणु हमले का विवरण पढ़ने के बाद मैं वास्तव में स्तब्ध रह गई थी। यह लगभग उसी समय की बात है जब संयुक्त राष्ट्र संघ परमाणु हथियारों पर प्रतिबंध को लागू करने की कोशिश कर रहा था। उसी दौरान मैंने अपने मन की बेचैनी इस कविता, चेतावनी में उंडेल दी।

फिर अम्बर बदरंग हुआ,
दिशाएं फिर भयभीत हुई।
वो अनचाही काली स्याही,
फिर मानवता पर बिखर गई।

मानवता की वह व्यथा कथा
अब भी दिल को दहलाती है,
हिरोशिमा की वह काली छाया
जब मस्तिष्क पर छा जाती है।

क्या वही नहीं था काफी जो
फिर से स्मृति चिन्ह बनाना है?
क्या अब इस मानव जाती को
इस सृष्टि से मिटाना है?

लुंज-पुंज से वे पिंजर
क्या मन को भरमाते हैं?
सुघड़- सक्षम, हँसे-खेलें जो
वह मानव कहलाते हैं।

मानवताहीन यह प्रतिद्वंद्विता
सब पर हावी हो जायेगी।
फिर से एक सूर्य चमकेगा,
फिर से मिट्टी जल जायेगी।

तब अनु छूटे वो हाल हुआ,
धरती पर छाया सन्नाटा।
अब गति और सुचारु है,
नवीनता की भरमार है,

गर एक भी विस्फोट हो जाएगा,
वही सृष्टि को खा जाएगा।

जो खड़े हैं वे भी मानव हैं,
जो मरेंगे वे भी मानव होंगे,
पर लाशों पर मंडराने को
गिद्ध, कौवे भी नहीं होंगे।

न जाने कुछ लोग क्या चाहते हैं?
खुद को भी भूल जाते हैं।
आपस की होड़ाहोड़ी में
सृष्टि का दांव लगाते हैं।

क्या कहूं के अब कुछ नहीं बचा।
कल है या नहीं, ये नहीं पता,
परसों की बात मैं क्या जानूं,
आज भी लगता है बुझा-बुझा।

मानव बुद्धि का जोड़ नहीं
इसकी नवीनता का निचोड़ नहीं।
आज लकड़ियाँ समेटने आया था,
कल चिता अपनी सजाएगा,
परसों का दिन इतिहास में
जलती भूमि कहलाएगा।

अब भी कुछ समय तो बचता है,
कर ले जो तू कर सकता है।
एक छोटी सी चिंगारी से
भविष्य को बदल सकता है।

बुद्धि-विवेक अभी मरे नहीं,
फूलों में रस अभी बाकी है।
सही दिशा में सोचो तो,
सृष्टि अभी जीना चाहती है।

छोडो इस होड़ा-होड़ी को,
एकता में ही अस्तित्व है।

आशा सिंह गौर ▪ 79

भौतिक ख्याति तो निरर्थक है,
समरसता में ही जीवन है।

यह तो केवल चेतावनी थी,
कुछ तो बुद्धि पर बल डालो।
खुद नहीं जीना चाहते पर,
दूजों को साथ में मत मारो।

Chetaavani

I was really shocked after reading the details of nuclear attack on Hiroshima and Nagasaki. This was around the same time when UNO was trying to implement a ban on nuclear weapons. That is when I poured my restlessness in this poem, **Chetaavani**.

Fir ambar badrang huaa,
dishaaein fir bhayabheet hui.
Vo anchaahi kaali syaahi,
fir maanavtaa par bikhar gai.

Maanavtaa ki vah vyatha kathaa
ab bhi dil ko dehlaati hai,
Hiroshima ki vah kaali chhaayaa
Jab mastishk par chhaa jaati hai.

Kyaa vahi nahin thaa kaafi jo
firse smriti chinh banaana hai?

Kyaa ab is maanav jaati ko,
is srishti se mitaana hai?

Lunj-punj se ve pinjar
kyaa man ko bharmaate hain?
Sughad, saksham, hanse-khelen jo,
vah maanav kehlaate hain.

Maanavtaheen yah pratidvandvita
sab par haavi ho jaaegi.
Fir se ek surya chamkegaa,
fir se mitti jal jaaegi.

Tab anu chhute vo haal hua,
dharti par chhaayaa sannaataa.
Ab gati aur suchaaru hai,
naveentaa ki bharmaar hai,
Gar ek bhi visfot ho jaaega,
vahi srishti ko khaa jaaega.

Jo khade hain ve bhi maanav hain,
jo marenge ve bhi maanav honge,

par laashon par mandraane ko
giddh, kauve bhi nahi honge.

Na jaane kuchh log kyaa chaahte hain?
Khud ko bhi bhool jaate hain.
Aapas ki hodahodi mein,
srishti ka daanv lagaate hain.

Kyaa kahun ki ab kuchh nahin bachaa.
Kal hai ya nahin, ye nahin pataa.
Parson ki baat main kyaa jaanun,
Aaj bhi lagtaa hai bujhaa-bujhaa.

Maanav buddhi kaa jod nahin,
Iski naveentaa kaa nichod nahin.
Aaj lakadiyaan sametne aayaa thaa,
Kal chitaa apni sajaaega,
Parson kaa din itihaas mein
Jalti bhoomi kehlaaega.

Ab bhi kuchh samay to bachtaa hai,
Kar le jo tu kar saktaa hai,
ek chhoti si chingaari se
bhavishya ko badal saktaa hai.

Buddhi vivek abhi mare nahin,
foolon mein ras abhi baaki hai.
Sahi dishaa mein socho to,
srishti abhi jeenaa chaahti hai.

Chhodo is hoda hodi ko,
ekta mein hi Astitva hai.
Bhautik khyaati to nirarthak hai,
samarasta mein hi Jeevan hai.

Yah to keval chetaavani thi,
kuchh to buddhi par bal daalo.
Khud nahin jeenaa chaahte par,
Doojon ko saath meni mat maaro.

मैं जल हूँ

मैं जल हूँ,
निर्झरणी बन कल-कल,
मैं नित क्यों बहता जाऊं?
क्यों बरसूं वर्षा बन रिमझिम,
क्यों मिटटी में खो जाऊँ?

मैं जल हूँ, बस जल,
क्यों जीवन मैं कहलाऊँ?
क्यों जलूं मैं, नित भाप बनूँ,
मैं ही क्यों बादल लाऊँ?

क्यों न बहूं नित स्वच्छंद
क्यों मैं ही बस पिया जाऊँ?
क्यों बनूँ नदिया, सागर, झीलें,
क्यों न मैं बस जल कहलाऊँ?

बढ़ते मानव की निष्ठुरता,
क्यों मैं सहूँ, क्यों कुम्हलाऊं?
क्यों न मैं भी आँख मींच
सो जाऊं, सबको तड़पाऊं?

पर मैं जल हूँ।
सदियों से कर्त्तव्यनिष्ठ
अंकित श्रम के हर एक पृष्ठ,
परिचय मेरा सदा ही रहा अमृत।

सदियों से सहता आया हूँ,
मैं निःस्वार्थ बहता आया हूँ।
बस और नहीं यूँ रह सकता,
नहीं देन तुम्हारी सेह सकता।

अमृत घट में है, सागर में नहीं,
तुम्हें बात इतनी सी याद नहीं?

कूड़ा-करकट, अपना सब मल
क्यों बहा देते हो मुझमें लाकर।
पूजा के फूल, शमशान की धूल,
बहा देते हो मृत शरीरों को भी
इंसान तो छोडो, भगवान् को भी।

कहते हो पानी ज़हर हो गया,
वो पहले सा स्वाद कहाँ खो गया?
ये ज़हर, मेरा नहीं तुम्हारा है।
तुम्ही ने मुझमें डाला है।
रुक जाओ या मै चल दूंगा
जीवन को मृत्यु कर दूंगा।

Mai Jal Hun

Mai jal hun,
nirjharni ban kal-kal,
main nit kyun behtaa jaaun?
Kyun barsun varshaa ban rimjhim,
kyun mitti mein kho jaaun?

Main jal hun, bas jal,
kyun Jeevan main kehlaaun?
Kyun jalun main, nit bhaap banun,
mai hi kyun baadal laaun?

Kyun na bahun nit svachhand,
kyun mai hi bas piyaa jaaun?
Kyun banun nadiyaa, sagar, jheelein,
kyun na mai bas jal kehlaaun?

Badhte maanav ki nishthurtaa,
kyun mai sahun, kyun kumhlaaun?
Kyun na mai bhi aankh meech
so jaaun, sabko tadpaaun?

Par mai jal hun.
Sadiyon se kartavyanishth,
ankit shram ke har ek prishth,
parichay meraa sadaa hi rahaa amrit.

Sadiyon se sehtaa aayaa hun,
mai nihsvaarth behtaa aayaa hun.
Bas aur nahin yun reh saktaa,
nahin den tumhaari seh saktaa.

Amrit ghat mai hai saagar mein nahin,
tumhein baat itni si yaad nahin?

Kooda-karkat, apnaa sab mal,
kyun baha dete ho mujhmein laakar?

Pooja ke fool, shamshaan ki dhool,
bahaa dete ho mrit shareeron ko bhi,
insaan to chhodo, bhagwaan ko bhi.

Kehte ho paani zehar ho gaya,
vo pehle sa swaad kahan kho gaya?
Ye zehar mera nahin tumhara hai,
tumhi ne mujhmein dalaa hai.

Ruk jaao ya main chal doonga,
jeevan ko mrityu kar doonga.

बारिश

नभ तकती प्यासी धरती को
तृप्त यूँ करने लगीं,
बारिश की एकतार बूँदें,
मिट्टी को भिगोने लगीं।

फूट पड़ा जीवन दुबारा,
अंकुरों में दबा था।
ठंडी हवाओं में हरियाली
अंगड़ाई फिर लेने लगी।
बारिश की एकतार बूँदें,
मिट्टी को भिगोने लगीं।

घोसलों से चहक उठी,
हर पेड़ की कई डालियाँ।
कोपलों की चोंच पर,

बूँदें फिर चमकने लगीं।
बारिश की एकतार बूँदें,
मिट्टी को भिगोने लगीं।

भर गए झरने और नदियाँ,
लहरों की लहराती दुनिया,
तोड़कर सीमाएं सारी,
आसमान छूने लगीं।
बारिश की एकतार बूँदें,
मिट्टी को भिगोने लगीं।

सूरज फिर धरती संग
खेलने लगा आँख मिचोली।
बादलों की गोद में,
किरणें फिर सोने लगीं।
बारिश की एकतार बूँदें,
मिट्टी को भिगोने लगीं।

याद फिरसे आ गईं
वो साथ बीती बारिशें।
छोटी-छोटी साथ बीतीं
खुशियों की वो ख्वाहिशें
चुपके से, दिन-रात फिरसे,
आँखों को धोने लगीं,
बारिश की एकतार बूँदें,
मिट्टी को भिगोने लगीं।

Baarish

Nabh takti pyaasi dharti ko
tript yun karne lagin,
baarish ki ektaar boondein,
mitti ko bhigone lagin.

Foot padaa Jeevan dobaara,
ankuron mein dabaa thaa.
Thandi hawaayon mein hariyaali,
angaadai fir lene lagi.
Baarish ki ektaar boondein,
Mitti ko bhigone lagin.

Ghoslon se chehek uthi,
har ped ki kai daaliyan.
Koplon ki chonch par,
boondein fir chamakne lagin.

Baarish ki ektaar boondein,
mitti ko bhigone lagin.

Bhar gaye jharne aur nadiyaan,
lehron ki lehraati duniyaa,
todkar seemayein saari
aasmaan chhoone lagin.
Baarish ki ektaar boondein,
Mitti ko bhigone lagin.

Sooraj fir dharti sang
khelne lagaa aankh micholi.
Baadlong ki god mein,
kiranein fir sone lagin.
Baarish ki ektaar boondein,
mitti ko bhigone lagin.

Yaad firse aa gai
vo saath beeti baarishein.
Chhoti-chhoti saath beeti,

khushiyon ki vo khwahishein,
chupke se din-raat firse
aankhon ko dhone lagin.

Baarish ki ektaar boondein,
mitti ko bhigone lagin.

चाँदनी

निशा के पंखों पर उड़ती
कह रही थी चाँदनी,
ओ मस्त, पागल पवन,
बादलों को चूमते
जब पहुंचोगे तुम गगन तक,
चाँद से कहना
कि मुझको फैलने दे रात भर।

धरती के चौड़े वक्ष पर,
लहराती शीतल धार पर,
पेड़ों की हर शाख पर,
सरसराते पल्लवों पर,
और सोती कलियों पर।
सुनने दे गुम प्रेमियों की
एक-दो मदमस्त बातें,

डोलने दे हवा के संग
मुझे भी मस्ती लुटाते,
क्योंकि अंकुश बहुत से
मुझपर लगाता है सवेरा,
और स्वर्णिम आगमन में
खोता है अस्तित्व मेरा।
उस समय ओ चाँद,
चाँदनी आ समाएगी तुम्ही में,
तेज तुम्हारा, दीप्ती शीतल,
खो जाएगी तुम्ही में।

Chaandani

Nisha ke pankhon par udati,
keh rahi thi Chaandni,
O mast, paagal pawan,
baadlon ko choomate
jab pahunchoge tum gagan tak,
chaand se kehna ki
mujhko failne de raat bhar.
Dharti ke chaude vaksh par,
lehraati sheetal dhaar par,
pedon ki har shaakh par,
sarsaraate pallavon par,
aur soti kaliyon par.

Sunne de gum premiyon ki
ek-do madmast baatein,
dolne de hawaa ke sang
mujhe bhi masti lutaate.

kyunki ankush bahut se

mujhpar lagaataaa hai saveraa,

aur swarnim aagman mein

khotaaa hai Astitva meraa.

Us samay, o chaand,

chaandani aa samaayegi tumhi mein.

Tej tumhaaraa, deepti sheetal,

kho jaaegi tumhi mein.

जीवन और इसके सवाल जवाब

जीवन एक सुंदर उपहार है, लेकिन यह उतना ही नाज़ुक़ भी है। इसके अंतहीन सवाल और सीमित उत्तरों के साथ रोमांच और भी बढ़ जाता है। यह फूलों के एक गुलदस्ते की तरह है जो कि हरे रंग के बिना अधूरा लगता है। यह एक घास के मैदान की तरह है जो हमेशा के लिए हरा नहीं रह सकता, लेकिन उसी तरह यह हमेशा के लिए सूखा और नीरस भी नहीं रह सकता।

Life is a beautiful gift, but it is equally fragile. It becomes even more adventurous with its endless questions and limited answers. It is like a bouquet of flowers that looks incomplete without a little green. It is like a grass land that cannot stay green forever but in the same way it cannot stay dried forever either.

ख्वाहिशों के परिंदे

मेरे ख्वाबों के दरख्तों पर
हर रोज़ बनाते हैं घोंसले,
मेरी तमाम ख्वाहिशों के
बेताब परिंदे।

रोज़ निकल पड़ते हैं
ढूँढने ख्वाबों के
बिखरे सब तार ये परिंदे।
तिनका-तिनका जोड़कर
बना रहे हैं,
ख्वाबों के दरो दीवार ये परिंदे।

जुड़ जाएँगे जिस दिन ये तार,
उड़ जाएँगे लेके
ख्वाबों की बारात ये परिंदे।

पर छोड जाएँगे,

कुछ नये ख्वाबों के दरख्त

और घोसलों में,

इंतजार ये परिंदे।

Khwahishon Ke Parinde

Mere khwaabon ke darakhton par
har roz banaate hain ghonsle,
meri tamaam khwaahishon ke
betaab parinde.

Roz nikal padte hain
dhoondhne khwaabon ke,
bikhare sab taar ye parinde.
Tinkaa-tinkaa jodkar
banaa rahe hain,
Khwaabon ke
daro-deewar ye parinde.

Jud jaaenge jis din ye taar,
ud jaenge leke
khwaabon Ki baraat ye parinde.

Par chhod jaaenge,

kuchh naye khwaabon ke darakht

aur ghoslon Mein,

intezaar ye parinde.

सुर्ख लाल बर्फ़

बर्फ़ की चादर से ढ़की
पाक सफेद वादियाँ,
पहरेदार से खड़े, ऊँचे-ऊँचे
आसमान चूमते देवदार के पेड़
और उनपर बिखरा नीला आकाश-
देखते ही आँखें भरमा सी जाती हैं,
सच है ये वादियाँ जन्नत सी नज़र आती हैं।
पर शायद, बस नज़र ही आती हैं।

हर दूसरे रोज़ इस जन्नत में
कोई चिंगारी सुलगा जाता है,
अपनी ज़िंदगी समेटते मासूम दिलों में
आग लगा जाता है।
आँखों में सपने हैं
पर उम्मीदें टूट रही हैं,

चेहरों पर चाहे दिखती हो हँसी,
पर दिल में खुशियाँ जल रही हैं।
इसीलिए शायद यहाँ बर्फ़ गिरती है,
ताकि जलते दिलों को थोड़ी तो ठंडक मिले,
और इस बेहते लहू को कोई तो ढ़के।
अब तो ये पहाड़ भी हारते से नज़र आते हैं,
कब तक सहें ये इकरंगी होली,
यही कहते से नज़र आते हैं।
ये माँगते हैं नये रंग,
तरक्की के, खुशहाली के,
बस बहुत हुआ लाल।
कोई तो लाए अमन का पैगाम
और खुशियों की बहार।
पर तब तक कैसे न होंगे
सेहमे से ये दिल बेहाल
जब बात बेबात हो जाती है
सफेद बर्फ़, सुर्ख लाल।

Surkh Laal Barf

Barf ki chaadar se dhaki
Paak safed vaadiyan.
Pehredaar se khade oonche-oonche
aasmaan choomate devdaar ke ped
Aur un par bikhraa neela aakaash:
Dekhte hi aankhe bharmaa si jaati hain,
sach hai ye vaadiyan jannat si nazar aati hain.
Par shaayad, bas nazar hi aati hain.

Har doosare roz is Jannat mein,
koi chingaari sulgaa jaataa hai.
Apni zindagi sametate masoom dilon mein
aag lagaa jaata hai.
Aankhon mein sapne hain
par ummeedein toot rahi hain.
Chehron par chahe dikhti ho hansi,
par dil mein khushiyan jal rahi hain.

Isiliye shaayad yahan barf girti hai,
taaki jalte dilon ko thodi to dhandak mile.
Aur is behte lahoo ko, koi to dhake.

Ab to ye pahaad bhi haarte se nazar aate hain.
Kab tak sahein ye ikrangi holi,
Yahi kehte se nazar aate hain.
Ye maangate hain naye rang,
tarakki ke, khushhaali ke,
bas bahut huaa laal.
Koi to laaye aman kaa paigaam
aur khushiyon ki bahaar.
Par tab tak kaise na honge
sehme se ye dil behaal,
jab baat-bebaat ho jaati hai,
safed barf surkh laal.

दो हाथ ज़मीन

मैं सांस नहीं लेती
पर जब भी अंकुर फूटते हैं
मेरे उदर में फसलों के,
मैं ज़िंदा हो जाती हूँ।
खड़ी लहलहाती उपज में
मैं अनगिनत जीवों का
जीवन बन मुस्काती हूँ।

माँ हूँ मैं जो जीवन को
पोषित करती है,
पर जब ढ़क देते हो
तुम मुझे मकानों से
तुम्हारी ढ़ाल बन
पिता का कर्तव्य निभाती हूँ।

मैंने कभी तुम में
कोई भेदभाव नहीं किया
फिर भी तुमने मुझे
अनगिनत टुकड़ों में बाँट दिया।
किसी को मिले पकवान,
और किसी को
एक निवाला भी नसीब न हुआ।

बाँध दिया तुमने मुझे
हदों में, चकबंदियों में
और जिसने सींचा मुझे
अपने श्रम और दम से
उसी को हदों से बाहर धकेल दिया।
मैंने तुम्हें सींचा
अपने अनगिनत उपहारों से
बदले में तुमने मुझे
खून से नहला दिया।

आखिर कब तक मुझे
यूँ बाँध सकोगे?
एक दिन तुम भी तो मरोगे।
कितना फैलोगे,
कहाँ तक बिखरोगे?
तुम भी, दो हाथ ज़मीन में ही गड़ोगे।

Do Haath Zameen

Main saans nahin leti,
par jab bhi ankur footate hain
mere udar mein fasalon ke,
main zindaa ho jaati hun.
Khadi lehlahaati upaj mein,
main anginat jeevon ka
jeevan ban muskaati hun.

Maa hun mai, jo Jeevan ko
poshit karti hai.
Par jab dhak dete ho
tum mujhe makaanon se,
tumhaari dhal ban
pitaa ka kartavya nibhaati hun.

Maine kabhi tum mein
koi bhed-bhaav nahin kiyaa,
fir bhi tumne mujhe
anginat tukdon mein baant diya.

आशा सिंह गौर • 113

Kisi ko mile pakvaan,
aur kisi ko
ek nivala bhi naseeb na hua.

Baandh diyaa tumne mujhe
hadon mein, chakbandiyon mein,
aur jisne seencha mujhe
apne shram aur dum se,
usi ko hadon se baahar dhakel diyaa.

Maine tumhein seenchaa
apne anginat uphaaron se,
badle mein tumne mujhe
khoon se nehlaa diyaa.

Aakhir kab tak mujhe
yun baandh sakoge?
Ek din tum bhi to maroge.
Kitna failoge?
Kahan tak bikharoge?
Tum bhi to,
do haath zameen mein hi gadoge.

इंतज़ार

खटखटाकर दरवाज़ा
छिप गया है कोई,
मन में उमड़ती प्यास को
सहला गया है कोई।

हर आहट यूँ लगता है
उसी की पदचाप है,
हर झोंके में उसके
आने का आभास है।

आँगन की रंगोली के रंग
बिखरे हुए से लगते हैं,
वहाँ, उस कोने में
किसी के पाँव पड़े से लगते हैं।

शंकाएँ तो बहुत हैं
ये एहसास मेरा
भ्रम भी हो सकता है।
पर उसका आना,
सच भी तो हो सकता है।

दिल कहता है,
ये इंतजार आज
खत्म हो जाएगा,
झोंका नहीं, कोई सच में
मेरा दरवाज़ा खटखटाएगा।

Intezaar

Khatkhataakar darvaazaa
chhip gayaa hai koi,
man mein umadti pyaas ko
sehlaa gayaa hai koi.

Har aahat yun lagtaa hai
usi ki padchaap hai,
har jhonke mein uske
aane kaa abhaas hai.

Aangan ki Rangoli ke rang
bhikhre hue se lagte hain.
Vahaan, us kone mein
kisi ke paanv pade se lagte hain.

Shankaayein to bahut hain,
ye ehsaas meraa
bhram bhi to ho saktaa hai,
par uska aanaa,
sach bhi to ho saktaa hai.

Dil kehtaa hai,
ye intezaar aaj
khatm ho jaaega.
Jhonka nahin, koi sach mein
meraa darvaazaa khatkhatayega.

खामोश पानी

चुप-चुप से हैं ज़मीं, आसमान
और साथ में आज
मेरे एहसास भी चुप हैं।
चुपचाप बेह जाने देते हैं
अरमानों का सैलाब
और कस लेते हैं मुट्ठियाँ
होश आता है तो
हिम्मत कर समेट लेते हैं
बचे कुचे टुकड़े मुट्ठियाँ खोलकर,
ऐसे जैसे ढूढ़ते हों ज़िन्दगी
मुर्दे टटोल कर।

ढीट हैं अरमान मेरे
रुंद भी जाएं तो क्या,
दम नहीं तोड़ते।

मैं चुप हूँ, तो हूँ
मुझे समझने में
कोई कसर नहीं छोड़ते।
ये भी टूट गए तो
घिस जाएगी ज़िंदगानी,
अकेले कब तक
बयां कर पाएगा हर ज़ख्म
आँखों से बेहता खामोश पानी।

Khaamosh Paani

Chup-chup se hain zameen, aasmaan
aur saath mein aaj
mere ehsaas bhi chup hain.

Chupchap beh jaane dete hain
armaanon ka sailaab,
aur kas lete hain mutthiyan.
Hosh aata hai to
himmat kar samet lete hain
bache- kuche tukde mutthiyan kholkar,
aise jaise dhoodate hon zindagi
murde tatol kar.

Dheet hain armaan mere,
rund bhi jaaein to kyaa,
dam nahin todte.

Main chup hun, to hun,
mujhe samajhne mein
koi kasar nahin chhodate.
Ye bhi toot gaye to
ghis jaaegi zindgani.
Akele kab tak
bayaan kar paaega har zakhm,
aankhon se behtaa khaamosh paani.

बंद किताब

मत बेचो यूँ रद्दी के भाव,
बंद किताबों में भी
कई कहानियाँ बयाँ होती हैं।
चहकती हैं वहाँ भी
उम्मीदों की गौरैइयाँ,
और उड़ान की चाह जवान होती है।

कहीं बेचैन साँसे, कहीं छूटते दयार,
कभी खिलखिलाती धूप सी हँसी,
तो कहीं दर्द की पुकार होती है।
मत बेचो यूँ रद्दी के भाव,
बंद किताबों में भी
कई कहानियाँ बयाँ होती हैं।

हर एक अश्क़ में छिपि होती है
खुशी की टिमटिमाहट कभी,
और कभी गम के सैलाबों में,
तमाम शम्माएँ फनाः होती हैं।

कहीं अंगड़ाई लेती है नई ज़िन्दगी,
कहीं किसी की मैयत रवाना होती है।
कभी मिलते हैं प्रेम पत्र किसी के नाम,
कोई चिट्ठी सरहद से आई होती है।
कही मिलता है,
उड़ती तितलियों के पीछे भागता बचपन,
कहीं समंदर की मदमस्त हवाएं होती है।

मत बेचो यूँ रद्दी के भाव,
बंद किताबों में भी
कई कहानियाँ बयाँ होती हैं।

Band Kitaab

Mat becho yun raddi ke bhaav,
band kitaabon mein bhi
kai kahaaniyaan bayaan hoti hain.
Chahakti hain wahaan bhi
ummeendon ki gauraiyan,
aur udaan ki chaah jawaan hoti hai.

Kahin bechain saanse,
kahin chhootate dayaar.
Kabhi khilkhilaati dhhoop si hansi
to Kahin dard ki pukaar hoti hai.
Mat becho yun raddi ke bhaav,
band kitaabon mein bhi
kai kahaaniyaan bayaan hoti hain.

आशा सिंह गौर

Har ek ashq mein chhipi hoti hai
khushi ki timtimaahat kabhi,
aur kabhi gum ke sailaabon mein
tamaam shammaayein fanaah hoti hain.

Mat becho yun raddi ke bhaav,
band kitaabon mein bhi
kai kahaaniyaan bayaan hoti hain.

Kahin angdaai leti hai nai zindagi,
Kahin kisi ki maiyat ravaana hoti hai.
Kabhi milte hain prem patra kisi ke naam,
koi chitthi sarhad se aai hoti hai.
Kahin milta hai,
udti titliyon ke peechhe bhaagta bachpan,
kahin samandar ki madmast hawaayein hoti hain.

Mat becho yun raddi ke bhaav,
band kitaabon mein bhi
kai kahaaniyaan bayaan hoti hain.

खाली स्लेटें

स्लेटें तो मैने भी बहुत खराब की थीं,
पर कभी किसी अक्षर से रिश्ता बना नहीं पाई।

बनाती रही,
खूबसूरत बगीचे, हवाई महल,
उनके बीच से बहती चंचल नदी,
उसमें खेलती किरणें,
तैरती मछलियाँ और
दूर खड़े सफेद बर्फानी पहाड़।
बस इन सब के आगे मैं
"मेरा" लगा नहीं पाई।

खाली छोड़ दी
बगीचे में बनी कुर्सी,
नदी में डोलती नाँव,

झरोखे में लगा झूला और
खिड़की के झज्जे,
उनमें में खुद को बैठा नहीं पाई।

चित्रों की सुंदरता में
अदृश्य सपनों की गहराई गुम होती गई
बीतते रहे दिन,
और ज़िंदगी, और कम होती गई।

ना ही रहा खूबसूरत बगीचा,
गुम हो गए महल भी,
मैली हो गई नदी
और मर गईं मछलियाँ भी।

मैंने आँखें फिर भी बंद रखीं
और दिल को बहुत समझाया,
की ये सब बस एक सपना है।

पर,
फिसलती रही रेत और साथ उसके
पिघलती गई मेरे पहाड़ों की बर्फ।

अब ना ही सपने रहे, ना तस्वीरें।
बारिश यूँ बरसी कि,
बहता गया रंग हर बूँद के साथ
और मेरी स्लेटें धुलती गईं।

अब मेरी स्लेट है
एकदम खाली और एकदम तैयार,
एक नई खूबसूरत कहानी के लिए।

Khaali Salatein

Salatein to maine bhi bahut kharaab ki thi,
par kabhi kisi akshar se rishtaa banaa nahi paai.

Banaati rahi,
khubsoorat baageeche, hawaai mehal,
unke beech se behti chanchal nadi,
usmein khelti kirnein,
tairati machhaliyaan aur
door khade safed barfaani pahaad.
Bas in sab ke aage main,
'mera' lagaa nahi pai.

Khaali chhod di
baageeche main bani kursi,
nadi mein dolti naanv,
jharokhe main lagaa jhoola aur

khidki ke chhajje.
Unmein mai khud ko baitha nahi pai.

Chitron ki sundartaa mein
adrishya sapnon ki gehraai gum hoti gai.
Beetate rahe din
aur zindagi, aur kam hoti gai.

Na hi raha wo khoobsurat bageecha,
gum ho gaye Mehal bhi,
maili ho gai nadi
aur mar gai machhaliyan bhi.

Maine aankhe fir bhi band rakhi.
Dil ko Bahut samjhaaya,
ki ye sab bas ek sapna hai.
Par,
Fisalti rahi ret aur saath uske
pighalti gai mere pahaadon ki barf bhi.

Ab na hi sapne rahe, na tasveerein.

Baarish yun barasi ki,

behta gayaa rang har boond ke saath,

aur meri salatein dhulti gai.

Ab meri slate hai

ekdum khalee aur ekdum taiyar,

ek nai khoobsurat kahaani ke liye.

बहेंगे जो आज आँसू

आँसुओं की नमी से,
क्या दर्द तुम ये नाप लोगे?
और क्या तुम सोचते हो
वजह भी फिर भांप लोगे?

रहने दो ये सांत्वना
कुछ आँसू बहने हैं ज़रूरी,
और ज़रूरी होती है
कभी-कभी अपनों से दूरी।

बह रहे हैं आँखों से जो
घाव दिल के रिस रहे हैं,
धीरे-धीरे, हौले से
यादों के कोने घिस रहे हैं।

यूं ही समय के साथ
बीती बातें सब घिस जाएंगी
और नई सी बातें
नई राहे मिलती जाएंगी।

दर्द, दुख और घाव सारे
यूं ही भरते जाएंगे
नया दर्पण, नया दर्शन
नए सपने लाएंगे।

बहने दो जो आज बहते हैं
झराझर रात दिन
बहेंगे जो आज आंसू
खुशी भी कल लाएंगे।

Bahenge Jo Aaj Aansu

Aansuyon ki nami se
kyaa dard tum ye naap loge?
Aur kyaa tum sochte ho
vajah bhi fir bhaanp loge?

Rehne do ye saantvanaa,
kuchh aansu behne hain zaroori,
aur zaroori hoti hai
kabhi-kabhi apnon se doori.

Beh rahe hain aankhon se jo
ghaav dil ke ris rahe hain,
dheere-dheere, haule se
yaadon ke kone ghis rahe hain.

Yun hi samay ke saath
beeti baatein sab ghis jaaengi
aur nai si baatein
nai raahein milti jaayengi.

Dard, dukh aur ghaav saare
yun hi bharte jaayenge.
Nayaa darpan, naya darshan
naye sapne layenge.

Behne do jo aaj behte hain
jharaajhar raat-din,
behenge jo aaj aansu
khushi bhi kal laayenge.

जीवन एक तमाशा है

जीवन ये एक तमाशा है
कोई आता है कोई जाता है
कोई मिलता कोई बिछड़ता है
कोई हँसता है कोई रोता है
इस दुनिया के चौराहे पर,
कब कोई सुख से रहता है।

कुछ राही फिर मिल जाते हैं
कुछ राहों में खो जाते हैं
कुछ की धुंधली परछाई सी
छपकर रह जाती है
दिल के छोटे से किसी कोने में।
पर कुछ ऐसे भी होते हैं
खुद रोते हैं रुलाते हैं,
संपूर्ण हृदय पर कब्ज़ा कर

हृदयांश ही बन जाते हैं।
पर...
निश्चित है अंत जीवन का भी,
संबंधों पर फिर क्या अंकुश?
वो तो निश्चित ही टूटेंगे
फिर प्राण करुण हो फूटेंगे।

जीवन की इन राहों का
किंचित भर भी विश्वास नहीं,
कोई तो राह फिर आएगी
और फिर से हमें मिलाएगी।
वो रस्ता ही इस जीवन का
एक ऐसा चौराहा होगा
जिस पर हम फिर जुदा होंगे
न मिलने को विदा लेंगे।

फिर समय वो भी तो आएगा
जब सब मिट्टी हो जाएंगे
और मिट्टी में मिलते ही

फिर से एक हो जाएंगे।
बस वो अंतिम मिलन होगा
जिस पर न कोई बंधन होगा।
न फिर चौराहा आएगा
न फिर किसीको रुलाएगा
मिलने और बिछड़ने का
ये चक्र वहीं थम जाएगा,
जब जीवन से कुछ साँसों का
इस्तिफा मंज़ूर हो जाएगा।

Jeevan Ek Tamasha Hai

Jeevan ye ek tamaashaa hai,
Koi aata hai koi jaata hai.
Koi miltaa koi bichdadtaa hai.
Koi hanstaa hai koi rotaa hai.
Is duniyaa ke chauraahe par,
kab koi sukh se rehtaa hai.

Kuchh raahi fir mil jaate hain,
kuchh raahon mein kho jaate hain,
kuchh ki dhundli parchhai si
chhapkar reh jaati hai,
dil ke chhote se kisi kone mein.

Par kuchh aise bhi hote hain,
khud rote hain, rulaate hain,

sampoorn hriday par kabza kar
hridyaansh hi ban jaate hain.

Par...
Nishchit hai ant Jeevan ka bhi,
sambandhon par fir kyaa ankush?
Vo to nishchay hi tootenge,
fir praan karun ho footenge.
Jeevan ki in raahon ka
kinchit bhar bhi vishvaas nahin.
Koi to raah fir aaegi
Aur fir se hamein milaegi.
Vo rastaa hi is Jeevan kaa
Ek aisa chauraahaa hogaa.
Jis par hum fir judaa honge,
na milne ko vidaa lenge.

Fir samay vo bhi to aaega,
Jab sab mitti ho jaaenge.

Aur mitti mein milte hi,

firse ek ho jaenge.

Bas vo antim milan hoga,

jispar na koi bandhan hoga.

Na fir chauraahaa aaega,

na fir kisiko rulaaega.

Milne aur bichhadne kaa,

ye chakra vahin tham jaega,

Jab Jeevan se kuchh saanson kaa,

Istifa Manzoor ho jaaega.

आस्था के फूल

कभी-कभी न जाने कैसे
पहुंच जाती हूँ मैं तुम्हारे घर,
और ज़ोर से घंटियाँ बजा-बजाकर
शोर मचा देती हूँ,
और बदले में गूंजती हुई आती है
तुम्हारे बेलगाम ठहाकों की आवाज़।

नहीं, वो शोर तुम्हें
जगाने के लिए नहीं होता।
मुझे पता है कि तुम
उस अनंत आकाश में उड़ते
पंछियों की धड़कनें भी
आसानी से सुन सकते हो।
सुबकती रातों की बिलखती कहानियाँ
समझ लेते हो।

खुशी की हर लहर
और दुःख के सभी समंदर
तुमसे होकर गुज़रते हैं।

तुम जानते हो
मुझे मंदिर में बजती
घंटियों की आवाज़ पसंद है।
आरती की थाली से उठती
कपूर की खुशबू और
दिये की लहराती लौ पसंद है।

अच्छा लगता है जब
अगरबत्ती के धुएं में
इस दोगले समाज के
सारे महत्वपूर्ण भेदभाव
धुंधले हो जाते हैं।

अच्छा लगता है देखकर
कि पूरे दिन में एक बार तो

इंसान खुद को
भुलाने की कोशिश करता है।
वरना किसी और को महत्व देना
बहुत मुश्किल होता है।

मेरी बातों से ज़्यादा खुश मत होना,
तुम बस इन्हीं आधे-पौने घंटों के लिए
सारी दुनिया के प्यारे हो जाते हो
और अगली आरती तक
फिर से भुला दिए जाते हो।

मुझे बताया गया था
कि तुम मेरे अंदर हो
मुझे तुम्हें बाहर ढूंढ़ने की ज़रूरत नहीं।
फिर भी मुझे रोज़ सताया जाता है
और किसी न किसी बहाने से
मंदिर का रस्ता दिखाया जाता है।
न जाऊँ तो अचानक
मैं नास्तिक हो जाती हूँ

और चली जाऊँ तो एकाएक
सबकी लाडली हो जाती हूँ।

तुम्हारे दर पर आना मेरी आस्था नहीं,
वो तो मेरा शौक है।

कितनी बार तुम्हारे दर पर
सच्ची श्रद्धा का मज़ाक उड़ाया जाता है।
अक्सर मोटी दक्षिणा वाला थाल ही
आगे बढ़ाया जाता है।

तुम्हारी बोली लगते मैं देख नहीं पाती,
इसीलिए अक्सर मैं मंदिर नहीं आती।

मेरी आस्था तो इस विश्वास में है
कि तुम पूरे धैर्य से
मेरी सब बकवास सुन लेते हो,
उसी के दम पर तुम से
लड़ भी लेती हूँ।

मेरी शिकायतें ही
मेरी आस्था के फूल हैं
मंदिर की घंटियों में
मेरी आवाज़ गुम हो जाती है
और तुम भी तो मगन हो जाते हो
आरती की धुन में।

इसलिए,
मेरी हँसी उड़ाने के बजाए
मेरी शिकायतों पर ध्यान दिया करो।
औरों से कहीं भी मिलो
मुझसे मंदिर के बाहर ही मिला करो।

Aastha Ke Phool

Kabhi-kabhi na jaane kaise
pahunch jaati hun mein tumhaare ghar,
aur zor se ghantiyaan bajaa-bajaakar
shor machaa deti hun
aur badle mein goonjati hui aati hai,
tumhaare belagaam thahaakon ki aavaz.

Nahi, vo shor tumhein
jagaane ke liye nahi hotaa.
Mujhe pataa hai ki tum
us anant akaash mein udte
panchhiyon ki dadhkanein bhi
aasani se sun lete ho.
Subakti raaton ki bilakhti kahaaniyan
samajh lete ho.
Khushi ki har lehar

aur dukh ke sabhi samandar,
tumse hokar guzarte hain.

Tum jaante ho,
mujhe mandir mein bajati
ghantiyon ki aawaz pasand hai.
Aarti ki thaali se uthati
kapoor ki Khushboo aur
diye ki lehraati lau pasand hai.

Achha lagta hai jab
agarbatti ke dhuyein mein,
is dogle samaaj ke
saare mahatvapoorna bhed-bhaav
dhundle ho jaate hain.

Achhaa lagtaa hai dekhkar
ki poore din mein ek baar to
insaan khud ko
bhulaane ki koshish kartaa hai.

Varnaa kisi aur ko mahatva denaa
bahut mushkil hotaa hai.

Meri baton se zyaadaa khush mat honaa,
tum bas inhin aadhe-paune ghanton ke liye
saari duniyaa ke pyaare ho jaate ho,
aur agli aarti tak,
fir se bhulaa diye jaate ho.

Mujhe bataayaa gayaa thaa
ki tum mere andar ho,
mujhe tumhein baahar dhoondane ki zaroorat nahin.
Fir bhi mujhe roz sataaya jaataa hai,
aur kisi na kisi bahaane se
mandir ka rastaa dikhaaya jaataa hai.
Na jaaun to achaanak
main naastic ho jaati hun,
aur chali jaun to ekaa-ek
sabki laadli ho jaati hun.

Tumhaare dar par aana meri aastha nahi,
vo to mera shauk hai.

Kitni baar tumhare dar par
sachchi shraddha ka mazaak udaya jaata hai,
aksar moti dakshina wala thaal hi
aage badhaayaa jaataa hai.

Tumhaari boli lagte main dekh nahin paati,
isiliye aksar main mandir nahin aati.

Meri aastha to is vishvaas mein hai
ki tum poore dhairya se
meri sab bakvaas sun lete ho.
Usi ke dam par tumse lad bhi leti hun.
Meri shikaayatein hi
meri aastha ke phool hain.
Mandir ki ghantiyon mein
meri aavaz gum ho jaati hai,
aur tum bhi to magan ho jaate ho
aarti ki dhun mein.

Isliye,

Meri hansi udaane ke bajaaye

meri shikaayaton par dhyaan diya karo.

Auron se kahin bhi milo,

mujhse mandir ke bahar hi mila karo.

सिक्के

हर दिन की तरह आज भी
रख दिए थे उसने
दिन भर की मज़दूरी में से
दस रुपये अलग से,
संदूक के कोने में पड़े
एक छोटे टिन के डब्बे में
और निकाल लिए थे
सारे सिक्के मिनटों में।
फिर ताकती रही रात भर
टकटकी लगा कर
बस इसी आस में कि
"चाँदनी में पूनम की
चाँदी हो जाएं सारे,
तो अपने भी पलट जाएं
दिन ये थके हारे"।

पर दिन भर की थकान से
उसका हाल कुछ और था,
शायद किस्मत का
ख़याल कुछ और था।
जाने कब, थकी आँखें लग गईं,
सपनों की दुनिया की
खिड़कियाँ खुल गईं।
जब सूरज की दस्तक से
चाँदनी झिझक गई,
भोर का एक सर्द झोंका
उसे धीरे से सहला गया,
नींद खुली तो पता चला,
सिक्कों का थैला
जाने कौन उठा ले गया।

Sikke

Har din ki tarah aaj bhi
rakh diye the usne
din bhar ki mazdoori mein se
das rupye alag se,
sandook ke kone mein pade
ek chhote tin ke dabbe mein
aur nikaal liye the
sare sikke minaton mein.
Fir taakti rahi raat bhar
taktaki lagaa kar,
bas isi aas mein ki,
'Chandani mein poonam ki
chandi ho jaayein saare,
to apne bhi palat jayein
din ye thake haare'.

Par din bhar ki thakaan se
uska haal kuchh aur tha.
Shaayad kismat ka,
khayal kuch aur tha.
Jaane kab, thaki aankhein lag gai,
sapnon ki duniya ki,
Khidkiyaan khul gai.
Jab sooraj ki dastak se
Chaandani jhijhak gai,
bhor ka ek sard jhonka
dheere se sehla gayaa,
neend khuli to pataa chalaa,
sikkon ka thaila
jaane kaun utha le gayaa.

प्रतियोगिता का संसार

कभी जीत है कभी हार है
कोई रुष्ट, कोई खुशहाल है,
क्या करें कि आज यह,
प्रतियोगिता का संसार है।

कहीं सत्य है, कहीं झूठ है,
कहीं पर्व है तो कहीं भूख है।
ये होड़ का वातावरण
मानवता का झुकाव है।
क्या करें कि आज यह,
प्रतियोगिता का संसार है।

बुनें हुए सपने हैं कुछ,
कुछ उधड़ चुके हैं कुछ।
अब तो और भी कई,
सपनों का निर्माण है।

क्या करें कि आज यह,
प्रतियोगिता का संसार है।

आशाओं कि यह दौड़ है,
प्रतिभाओं का टकराव है।
बस "मैं ही मैं, तुम हो ही क्या?"
ये आज कि आवाज़ है।
क्या करें कि आज यह,
प्रतियोगिता का संसार है।

कोई हारकर बस रो पड़ा,
कोई ज़िन्दगी को चिढ़ाके,
किस्मतों से लड़ पड़ा।
जो उठ गया वो बढ़ चला,
जो गिर गया, कुचला गया।
आज तो बस हर जगह,
यही हाल है समाचार है।
क्या करें कि आज यह,
प्रतियोगिता का संसार है।

Pratiyogitaa Kaa Sansaar

Kabhi jeet hai kabhi haar hai,
koi rusht, koi khush haal hai.
Kyaa karein ki aaj yah,
pratiyogitaa ka sansar hai.

Kahin satya hai, kahin jhooth hai,
kahin parv hai to kahin bhookh hai.
Ye hod ka vataavaran,
maanavta ka jhukaav hai.
Kyaa karein ki aaj yah,
pratiyogita ka sansar hai.

Bune hue sapne hain kuchh,
kuch udhad chuke hain kuchh,
ab to aur bhi kai,
sapnon ka nirman hai.

Kyaa karein ki aaj yah,
pratiyogita ka sansaar hai.

Ashaon ki yah daud hai,
pratibhaon ka takaraav hai.
Bas 'main hi main, tum ho hi kyaa?'
ye aaj ki aawaz hai.
Kyaa karein ki aaj yah,
pratiyogita ka sansaar hai.

Koi haarkar bas ro padaa,
koi zindagi ko chidhake,
kismaton se lad padaa.
Jo uth gaya vo badh chalaa,
jo gir gayaa, kuchalaa gayaa.
Aaj to bas har jagah,
yahi haal hai, samaachaar hai.
Kyaa karein ki aaj yah,
pratiyogita ka sansaar hai.

शब्द बाण

ये कैसा माहौल है
ये कैसा विधान है?
जो तोड़ता- झकोड़ता,
मात्र एक शब्द बाण है।

इस बाण में वो धार है
जो काट दे, सुधार दे।
कभी तारीफों के पुल बंधे,
और कभी ऐसे भाले छूटे
जो सीमाओं को भी लांघ दें।
शरीर आर-पार कर
लहूलुहान छोड़ दें।

ये कैसा माहौल है
ये कैसा विधान है?
तू मुझपर आज हंस रहा

कल तेरा उपहास है।
जो तोड़ता- झकोड़ता,
मात्र एक शब्द बाण है।

आज जग गई, हाँ चल पड़ी।
जो चल पड़ी फिर न रुकी,
ये मेरा आत्माभिमान है।
इन दंश भरे शब्दों परे
सागर भरा सम्मान है,
जो तोड़ता - झकोड़ता
मात्र एक शब्द बाण है।

आकाश सम विशाल है,
ये समाज,
दो धारी तलवार है।
हर छोटी सी बात पर
बनता राई का पहाड़ है।
जो तोड़दे-झकोड दें
बस इसी के शब्द बाण है।

Shabd Baan

Ye kaisaa maahaul hai,
ye kaisaa vidhaan hai?
Jo todtaa- jhakodtaa
maatra ek shabd baan hai.

Is baan mein wo dhaar hai
jo kaat de, sudhaar de.
Kabhi taarefon ke pul bandhe
aur kabhi aise bhaale chute
jo seemaon ko bhi langh den.
Shareer aar-paar kar
lahooluhaan chhod den.

Ye kaisaa maahaul hai,
ye kaisaa vidhaan hai?
Tu mujhpar aaj hans raha,

kal tera uphaas hai.
Jo todta-jhakodtaa
matra ek shabd baan hai.

Aaj jag gai, haan chal padi.
Jo chal padi fir na ruki,
ye mera aatmabhimaan hai.
In dansh bhare shabdon pare,
saagar bharaa samman hai,
jo todtaa- jhakodtaa
maatra ek shabd baan hai.

Aakash sam vishal hai,
ye samaaj,
do dhari talvaar hai.
Har chhoti baat par
banta rai ka pahaad hai.
Jo todta- jhakodta
bas isi ke shabd baan hai.

नक़ाब

नक़ाबों के जंगल में,
चेहरे पहचानूँ?
क्या सच है, क्या है छल
मैं कैसे ये जानूँ?
हर सच के दरवाज़े पर
पर्दा लगा है,
हर चेहरे पर,
और एक चेहरा चढ़ा है।

कहीं हँसते नक़ाबों के
पीछे हैं आँसू।
कहीं मासूमियत में
शैतान छिपा है।
कोई बेइमानी के
ठहाके छिपाए,
कोई रिस्ते ज़ख़्मों को

ढ़क कर खड़ा है।
हर चेहरे पर,
और एक चेहरा चढ़ा है।

नक़ाबों के ही पीछे
बसती है दुनिया कितनों की,
कोई है जो झूंठी
ज़िंदगी जी रहा है।
हर चेहरे पर,
और एक चेहरा चढ़ा है।

जो होता कोई चश्मा
जो इनको चीर पाता,
नक़ाबों के पीछे का
सच भी दिखाता।
पर अब तो है सारी
ये दुनिया इन्हीं की,
और चलन भी,
इन्हीं का चल रहा है।

लेटेस्ट से लेकर
ऐंटीक डिज़ाइन तक।
हाट बाज़ारों से लेकर
शहरों के मौल तक
सच है "आउट औफ स्टौक"
बस और बस
नका़ब ही बिक रहा है।

कहीं एक पर एक मुफ्त,
तो कहीं आधे दाम में
मिल रहा है,
एक उतरने से पहले,
दूसरा तैयार पड़ा है।

हर शख्स की पहचान है झूंठी,
हर पहचान पर सवाल उठा है।
जानकर भी नहीं जानते हम किसीको,
क्यूंकि,
हर चेहरे पर,
और एक चेहरा चढ़ा है।

Nakaab

Nakaabon ke jungle mein
chehre pehchaanun,
kyaa sach hai, kyaa chhal
ye kaise mai jaanun?
Har sach ke darvaaze par
pardaa padaa hai,
har chehre par
aur ek chehraa chadhaa hai.

Kahin hanste nakaabon ke
peechhe hain aansu.
Kahin masoomiyat mein
shaitan chhipa hai.
Koi baimaani ke
thahaake chhipaye,
koi riste zakhmon ko
dhak ke khadaa hai.

Har chehre par
aur ek chehraa chadhaa hai.

Nakaabon ke peechhe,
basti hai duniya kisi ki,
koi hai jo jhoothi
zindagi ji raha hai.
Har chehre par
aur ek chehraa chadhaa hai.

Jo hota koi chashmaa
jo inhein cheer pataa.
Nakaabon ke peechhe ka
sach bhi dikhaataa.
Par ab to hai saari
ye duniya inhin ki,
aur chalan bhi
inhin ka chal rahaa hai.

Latest se lekar
antique design tak,

haat bazaaron se lekar
shehron ke mall tak,
sach hai out of stock,
bas aur bas
nakaab hi bik rahaa hai.

Kahin ek par ek muft,
to kahin aadhe daam mein
mil rahaa hai,
ek utarne se pehle,
doosra chadhne ko taiyaar padaa hai.

Har shakhs ki
pehchaan hai jhoothi,
har pehchaan par
sawaal uthaa hai.
Jaankar bhi nahin jaante
hum kisiko,
kyunki,
har chehre par aur ek
chehraa chadhaa hai.

कुछ सुनहरे शब्द

सपनों के रंगीन पृष्ठ पर
लिखे हैं कुछ शब्द सुनहरे,
जीवन की चलती गाड़ी में
होते हैं दिन-दिन वो गहरे।

हैं यहाँ अनगिनत रुकावटें,
शब्द मिटाये जा सकते हैं।
बुरी नज़र के भार तले
बहुत दबाये जा सकते हैं।
धुंधले हो सकते हैं खुदकी
धूमिल होती परछाई में,
है संभव जलना भी उनका
पल-पल जलती आशाओं में।

फिर भी रहते हैं सोने से
ये शब्द उस रंगीन पृष्ठ पर।
जैसे सोना जलकर, पिटकर,
और निखर जाता है तप कर।

Kuchh Sunehre Shabd

Sapnon ke rangeen prishth par
likhe hain kuchh shabd sunehre,
jeevan ki chalti gaadi mein
hote hain din-din vo gehre.

Hain yahaan anginat rukaavatein
shabd mitaaye jaa sakte hain.
Buree nazar ke bhaar tale,
bahut dabaaye jaa sakte hain.
Dhundle ho sakte hain khudki
dhoomil hoti parchhaai mein,
hai sambhav jalnaa bhi unka,
pal-pal jalti ashaaon mein.

Fir bhi rehte hain sone se,
ye shabd us rangeen prishth par.
Jaise sona jalkar, pitkar,
aur nikhar jaata hai tap kar.

आशा सिंह गौर

अँधेरे कमरे

अँधेरे कमरे एक रूपक है जिसका उपयोग कविता में विफलता के लिए किया गया है। लोग सफल लोगों के करीब रहते हैं लेकिन जैसे ही सफलता, असफलता में बदलती है, वह अपनी हार से निपटने के लिए अकेला छोड़ दिया जाता है। एक हारे हुए व्यक्ति को इस कदर नजरअंदाज किया जाता है, और उसका इतना मज़ाक उड़ाया जाता है, कि वह धीरे-धीरे अपनी आवाज, अपनी राय और अपने व्यक्तित्व को भी खोने लगता है।

शब्द भी नहीं देते साथ,

जब सब साथ छोड़ जाते हैं,

अँधेरे कमरों में कभी

साये भी नहीं आते हैं।

गूंजती हैं कई आवाज़ें

निरंतर हमपर हँसती हुई,

जिनके शोर में कान

अपनी आवाज़ भी भूल जाते हैं।

अँधेरे कमरों में कभी
साये भी नहीं आते हैं।

न कुछ कहा जाता है,
न कुछ सुना जाता है,
रूठ जाती है कलम भी,
और पन्ने भी शर्माते हैं।
अँधेरे कमरों में कभी
साये भी नहीं आते हैं।

यादों की उँगलियाँ
पकड़ती रह जाती हैं
सपनों की परछाइयां,
और सपने रेत की तरह,
मुट्ठी से फिसल जाते हैं।

शब्द भी नहीं देते साथ,
जब सब साथ छोड़ जाते हैं,
अँधेरे कमरों में कभी
साये भी नहीं आते हैं।

Andhere Kamre

Andhere Kamre is a metaphor used for failure, in this poem. People stay close to successfu people but the moment one tastes failure, he/she is left alone to deal with the fall. They are ignored and mocked by all, so much that they start losing their voice, their opinion, and their personality as well.

Shabd bhi nahi dete saath,
jab sab saath chhod jaate hain,
andhere kamaron mein kabhi
saaye bhi nahin aate hain.

Goonjati hain kai aavazein,
nirantar humpar hansti hui,
jinke shor mein kaan
apni aawaaz bhi bhool jaate hain.
Andhere Kamaron mein kabhi
saaye bhi nahin aate hain.

Na kuchh kahaa jaataa hai,
na kuchh sunaa jaataa hai,
rooth jaati hai kalam bhi
aur panne bhi sharmaate hain.
Andhere Kamaron mein kabhi
saaye bhi nahin aate hain.

Yaadon ki ungliyaan
pakadti reh jaati hain
sapnon ki parchhaiyan,
aur sapne ret ki tarah,
mutthi se fisal jaate hain.

Shabd bhi nahi dete saath,
jab sab saath chhod jaate hain,
andhere Kameron mein kabhi
saaye bhi nahin aate hain.

मज़दूर

मैं हर रोज़ एक नए युद्ध पर निकलता हूँ
और तुम बिना भूले
मुझे मुँह चिढ़ाने आ जाते हो।

जलती मिट्टी पर
पिघलते पैरों से चलता मैं,
नए रस्ते बनाता हूँ।

अतल सागर के उफान को नकारता,
किनारे जोड़ता हूँ।

विरानों की मिट्टी खोदता,
अनगिनत सपनों के
महल बनाता हूँ।

और तुम मेरी बची कुची
हिम्मत निचोड़ने आ जाते हो।

मुझे तुमपर दया आती है,
तुम्हारा आतप मुझे डिगा नहीं पाता।

सदियों से तुम्हारा
अहं झेलती मेरी चमड़ी,
अब पक चुकी है।

तुम्हारा बेमतलब रोष
मेरे झुलसे देह से
फिसल जाता है
और दे जाता है
पसीने की गीली चमक
जो इस बात की गवाह है
कि आज मुझे रोटी मिलेगी।

Mazdoor

Mai har roz ek naye yuddh par nikaltaa hun,
aur tum binaa bhoole
mujhe munh chidhaane aa jaate ho.

Jalti mitti par
pighalte pairon se chaltaa mai,
naye raste banaata hun.

Atal saagar ke ufaan ko naaarta,
kinaare jodtaa hun.

Viraanon ki mitti khodtaa,
anginat sapnon ke
mahal banaata hun.

Aur tum meri bachi-kuchi
himmat nichodne aa jaate ho.

Mujhe tumpar daya aati hai,
tumhaaraa aatap mujhe digaa nahin paataa.

Sadiyon se tumhaaraa
aham jhelti meri chamdi,

ab pak chuki hai.

Tumhaaraa bematlab rosh,
mere jhulse deh se
fisal jata hai,
aur de jaataa hai
paseene ki geeli chamak
jo is baat ki gawaah hai,
ki aaj mujhe roti milegi.

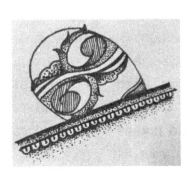

उत्साह, आत्मविश्वास और देशप्रेम

जीवन हमेशा आसान नहीं होता। कभी-कभी हम हार मानने से बस एक कदम दूर होते हैं जब अचानक हमें अपनी प्रेरणा मिल जाती है। कभी-कभी ये उद्धरण, कविता या कहानी, एक फिल्म होती हैं, और कभी-कभी कुछ लोग हमें अपने कार्यों से प्रेरित करते हैं। कभी-कभी एक सुकून भरा शब्द भी हमें निराशा से निकालने के लिए काफी होता है। ये कविताएँ आपको अपने जीवन की ऐसी ही प्रेरणाओं की याद दिलाएँगी।

Life is not always easy and sometimes we are just a step away from giving up when suddenly we find our motivation. Sometimes these are quotes, poems or stories, a movie, and sometimes some people motivate us by their actions. Sometimes a comforting word is enough to pull us out of despair. These poems will remind you of all such motivations in your life.

झूंठा अंधेरा

निशा के हर छोर पर
चुपके से बैठा है उजाला,
दिन ही बस कुछ देर को
पहन लेता है परिधान काला,
उसमें भी अंगड़ाइयाँ
लेती है हर पल चाँदनी
और होता है अलंकृत
तारों से आकाश सारा,
दीपमालाओं से जैसे
सजती है ये धरा सारी
भ्रमित करती है ज्यों
हर रात बन गई हो दीवाली।

क्यों फिर डर झूंठे तिमिर से
ढलते दिन से क्यों निराशा?

ऐसे में क्यों राही भला
न पाएगा अपना किनारा?

क्योंकि-
निशा है काली मगर
फिर भी अधूरा है अंधेरा।

निशा के हर छोर पर
चुपके से बैठा है उजाला,
दिन ही बस कुछ देर को
पहन लेता है परिधान काला।

Jhootha Andhera

Nisha ke har chhor par
chupke se baithaa hai ujaalaa,
din hi bas kuchh der ko
pehen letaa hai paridhaan kaalaa.
Usmein bhi angdaaiyan
leti hai har pal chaandani
aur hotaa hai alankrit
taaron se akaash saaraa.

Deepmaalaayon se jaise
sajati hai ye dharaa saari.
Bhramit karti hai jyon
har raat ban gai ho diwali.

Kyun fir dar jhoothe tinmir se?
Dhalte din se kyun niraasha?

Aise mein kyun raahi bhalaa,
na paayegaa apna kinaaraa?

Kyunki,
Nisha hai kaali magar
Fir bhi adhoora hai andhera.

Nisha ke har chhor par
chupke se baitha hai ujala,
din hi bas kuchh der ko
pehan leta hai paridhaan kaalaa.

हम राही हैं उस रस्ते के

मैंने यह कविता हमारे देश के सुरक्षा कर्मियों के सम्मान में लिखी है। यह उनके जज़्बे को सलाम है, जो उन्हें देश की सेवा में अपना जीवन न्यौछावर करने के लिए प्रेरित करता है, भले ही उन्हें कितनी भी कठिनाई का सामना क्यों न करना पड़े।

चाहे राह बड़ी हो कठिन मगर
हमें कंकरों पर भी प्यार आता है,
हो कांटों की बाड़ या शब्दों के शूल
हमें उन्हें चिढ़ाना भाता है।

न हमराही मिले कोई
तो बहती हवा ही संग सही,
हमें गंध हवा की समझ बूझ
मंजिल को पाना आता है।

हम राही हैं उस रस्ते के
जहाँ थकना टिकना माफ नहीं,
हमें गर्म हवा की लपटों में भी
सुस्ताना आता है।

कोई साथ मिले तो बात ही क्या
ऐसे ही किस्से बनते हैं,
कोई न भी हो तो रंज नहीं
हमें अकेले इतिहास बनाना आता है।

रुकना डरना सीखा ही नहीं
तो दर्द है क्या और अंत भी क्या,
ये मिट्टी ही कफन और लकड़ी भी
ओढ़ लेंगे इसको ही इक दिन।
हमें पीठ दिखाना आता नहीं पर
लक्ष्य पर मिट जाना आता है।

Hum Raahi Hain Us Raste ke

I wrote this poem in honour of our defence personnel. It is a salute to their spirit which motivates them to pledge their lives in the service of our nation irrespective of the hardships they have to face.

Chaahe raah badi ho kathin magar
humein kankaron par bhi pyaar aata hai,
ho kaanton ki baad yaa shabdon ke shool
humein unhein chidhana aataa hai.

Na humraahi mile koi
to behati hawaa hi sang sahi,
humein gandh hawaa ki samajh boojh
manzil ko paanaa aataa hai.

Hum raahi hain us raste ke
jahaan thaknaa tiknaa maaf nahin,
humein garm hawaa ke jhokon mein bhi
sustaana aataa hai.

Koi saath mile to baat hi kyaa,
aise hi kisse bante hain.
Koi naa bhi ho to ranj nahin,
humein akele itihaas banaanaa aataa hai.

Ruknaa darnaa seekhaa hi nahi,
to dard hai kyaa aur ant bhi kyaa.
Ye mitti hi kafan, aur lakdi bhi,
odh lenge isko hi ek din,
humein peeth dikhaanaa aata nahin par
lakshya par mit jaanaa aataa hai.

सपने दिलों में पला करते हैं

गर सपने दरख्तों पर लगा करते
हर आँगन में उम्मीदों के चाँद उतरा करते ।
पत्तों से छन के बिखरती हौंसले की चाँदनी
आँगन कामयाबी के फूल गिरा करते,
गर सपने दरख्तों पर लगा करते ।

पर सपने आँखों में उगा करते हैं
पलकों पर छोड़कर अपने होने का एहसास
चुपके से दिलों में पला करते हैं।
पहरे कई लगते हैं इनपर
कई लोग इनके पंख काट दिया करते हैं
फिर भी निकल पड़ते हैं बेखौफ उड़ानों पर
जब भी इन्हें हौंसले मिला करते हैं।

आशा सिंह गौर • 191

पिंजरों में नहीं जी सकते,
खुले आसमानों के परिंदे हैं,
ये टूटने का डर नहीं
जीतने का जुनून माँगा करते हैं।
ओस की बूँद नहीं जो धूप चढ़े खो जाए
सोना हैं, तपकर साकार हुआ करते हैं।

सपने आँखों में उगा करते हैं,
पलकों पर छोड़कर अपने होने का एहसास
चुपके से दिलों में पला करते हैं।

Sapne Dilon Mein Palaa Karte Hain

Gar sapne darakhton par lagaa karte,

har aangan mein ummeedon ke chaand utraa karte.

Patton se chhan ke bikharti haunsle ki chaandni,

aangan kaamyaabi ke fool giraa karte,

gar sapne darakhton par lagaa karte.

Par sapne aankhon mein ugaa karte hain,

palkon par chhodkar apne hone ka ehsaas,

chupke se dilon mein palaa karte hain.

Pahre kai lagte hain inpar,

kai log inke pankh kaat diyaa karte hain.

Fir bhi nikal padte hain bekhauf udaanon par

jab bhi inhein haunslein milaa karte hain.

Pinjaron mein nahin ji sakte,
khule aasmanon ke parinde hain.
Ye tootne ka dar nahin
jeetne ka junoon maangaa karte hain.
Os ki boond nahin, jo dhoop chadhe kho jaye,
sona hain, tapkar saakaar huaa karte hain.

Sapne aankhon mein ugaa karte hain,
palkon par chhodkar apne hone ka ehsaas,
chupke se dilon mein palaa karte hain.

सरहदें

बहुत बूढ़ी हैं ये सरहदें
जबसे होश संभाला है
इन्हें यहीं पर खड़ा पाया है,
सुनसान वीरान, खतरनाक।

दूर-दूर तक इनके पास
बस खामोशियों का साया है।
जब भी इनपर चहल-पहल होती है
इंसानियत खूब रोती है
बेहती हैं खून की नदियाँ
और ये, खामोशी से सोती हैं।

देने के लिए इनके पास कुछ नहीं
फिर भी लाखों मर मिटे इनपर,
इनकी हिफाज़त के लिए,
जान लुटा गए हँसकर ।

गूँगी सी पड़ी हैं फिर भी
अनगिनत कहानियाँ सुनाती हैं
सिसकियों से भरी इनकी हवाएं
हर बार रुला जाती हैं।

दोष तो इनका भी नहीं
इन्हें इंसानों ने ही बनाया है
और फिर इन्हें बचाने के लिए
हर ओर पहरा बिठाया है।

गाड़ दिये हैं धरती के सीने में खंबे,
काँटों भरी तारों से इसे सजाया है
दौड़ा दिया है तेज़ विद्युत की लहरों को इसमें
बस आग से ही नहीं जलाया है।

अधमरी सी पड़ी हैं
इनके दर्द को कौन समझ पाया है
जब भी चाल चली दुश्मन ने,
जवानों को इनपर
मंदिर में फूलों की तरह चढ़ाया है।

बदकिस्मती इनकी
कि ये घटती भी तो नहीं,
कितने युद्ध झेल गई
पर मरती भी तो नहीं।
कितना अच्छा होता
जो ये बूढ़ी होतीं
और फिर मर जातीं,
पर उम्र के साथ
ये और मज़बूत हो गई हैं
पहले देशों के बीच होती थीं
अब दिलों के बीच भी खिंच गई हैं।

Sarhadein

Bahut boodhi hain ye sarhadein.
Jabse hosh sambhaalaa hai
inhein yahin par khadaa paayaa hai,
Sunsaan, veeran, khatarnaak.

Door-door tak inke paas
bas khaamoshiyon kaa saaya hai.
Jab bhi inpar chehal-pehal hoti hai,
insaaniyat khoob roti hai.
Behti hain khoon ki nadiyaan,
aur ye khaamoshi se soti hain.

Dene ke liye inke paas kuchh nahi,
fir bhi laakhon mar mite inpar.
Inki hifaazat ke liye,
jaan lutaa gaye hanskar.

Goongi si padi hain fir bhi
anginat kahaaniyan sunaati hain,
siskiyon bhari inki hawaaein
har baar rula jaati hain.

Dosh to inka bhi nahin,
inhein insaanon ne hi banaayaa hai,
Aur fir inhein bachaane ke liye
har or pehraa bithaayaa hai.
Gaad diye hain dharti ke seene mein khambe,
kaanton bhari taaron se ise sajaayaa hai.
Dauda diya hai tez vidyut ki lehron ko ismein
Bas aag se hi nahin jalaayaa hai.

Adhmari si padi hain,
inke gum ko kaun samajh paya hai?
Jab bhi chaal chali dushman ne,
javaanon ko inpar
mandir mein foolon ki tarah chadhaya hai.

Badkismati inki

ki ye ghatati bhi to nahin.

Kitne yuddh jhel gai,

par marti bhi to nain.

Kitna achchhaa hotaa

jo ye boodhi hoti

aur fir mar jaatin.

Par umra ke saath

ye aur mazboot ho gai hain.

Pehle deshon ke beech huaa karti thin,

ab dilon ke beeh bhi khinch gai hain.

नहीं चाहिए मुझे मुक्ति

मुक्ति? मुझे नहीं चाहिए मुक्ति,

अभी मैं जाने को तैयार नहीं।

अभी तो बस पहला कदम रखा है मैंने

सपनों के बागान में

चौंधियाइ आँखों से अबतक

चमक भी उतरी नहीं,

सफलता का मधुर संगीत

अबतक कानों तक पहुंचा नहीं,

नहीं चाहिए मुझे मुक्ति, अभी नहीं।

कई वादे करके आई हूँ

आशाओं का झोला लाई हूँ

कई उम्मीदें टिकी हैं मुझपर

कई काँटे झेलती आई हूँ,

फूलों से एक भी मुलाकात

अबतक मेरी हुई नहीं,
नहीं चाहिए मुझे मुक्ति, अभी नहीं।

सुना है वहाँ ऊपर से
दुनिया नई सी दिखती है
दूध की छोड़ो प्रेम की
नदी हर पल बहती है
मुखौटे वहाँ खूब बिकते हैं
दुश्मन कहीं दिखते नहीं,
नहीं चाहिए मुझे मुक्ति, अभी नहीं।

ये होड़ नहीं आगे बढ़ने की,
ये तो लक्ष्य की तलाश है,
हार मान जाऊँ अभी से
ये मुझसे होगा नहीं,
नहीं चाहिए मुझे मुक्ति, अभी नहीं।

जिस दिन मैं सब पा जाऊँगी,
हर वादे को निभा लूंगी,

जब होंगे आश्वस्त सभी

कि उन्हें मेरी ज़रूरत नहीं,

उस दिन ले जाना, पर तब तक,

नहीं चाहिए मुझे मुक्ति, अभी नहीं।

अभी मैं जाने को तैयार नहीं।

Nahin Chaahiye Mujhe Mukti

Mukti? Mujhe nahin chaahiye mukti,
abhi main jaane ko taiyaar nahin.
Abhi to bas pehlaa kadam rakhaa hai maine
sapnon ke baagaan mein,
chaundhiyai aankhon se ab tak
chamak bhi utari nahin.
Safalta ka madhur sangeet
abtak kaanon tak pahuncha nahin.
Nahin chaahiye mujhe mukti, abhi nahin.

Kai vaade karke aai hun,
aashaaon ka jholaa laai hun,
kai ummeedein tiki hain mujhpar,
kai kaante jhelti aai hun.
Foolon se ek bhi mulakaat
abtak meri hui nahin.
Nahin chaahiye mujhe mukti, abhi nahin.

Suna hai, vahaan upar se,
duniyaa nai si dikhti hai,
doodh ki chhodo prem ki,
nadi har pal behti hai.
Mukhaute vahaan khoob bikte hain,
dushman kahin dikhte nahin.
Nahin chaahiye mujhe mukti, abhi nahin.

Jis din mai sab paa jaaungi,
har vaade ko nibhaa loongi,
jab honge aashvast sabhi
ki unhein meri zaroorat nahin,
us din le jana, par tab tak,
Nahin chaahiye mujhe mukti, abhi nahin.
Abhi main jaane ko taiyar nahin.

शाखें

कह रही थीं बंद आँखें,
तोड़ना न तुम ये शाखें।

सपनों की सुन्दर कड़ी हैं
मिलने को उत्सुक खड़ी हैं
करनी हैं कुछ इन्हें बातें,
कह रही थीं बंद आँखें,
तोड़ना न तुम ये शाखें।

आया न अब तक सवेरा
दूर है उसका बसेरा,
जगा देगा खुद ही आके,
लेने दो कुछ और साँसे,
कह रही थी बंद आँखें
तोड़ना न तुम ये शाखें।

सपने का ज्यों अंत आया
पंछियों ने गीत गाया।
लौटना मेरा है असंभव
कहकर सवेरा मुस्कुराया।
कहा अब जागना ही होगा,
शाखों को काटना ही होगा।
खोलो अब तो बंद आँखें
लेलो थोड़ी मंद सांसे।
पड़ने दो किरणें प्रकाश की,
देखो लाली नवप्रभात की,
पर सुनो एक बात राज़ की-
ज्यों ही आये निशा आज की,
बंद कर लेना खुली आंखें,
जुड़ जाएंगी फिर से शाखें।

Shaakhein

Keh rahi thin band aankein
todna na tum ye shaakhein.

Sapnon ki sundar kadi hain
milne ko utsuk khadi hain,
karni hain kuchh inhein baatein.
Keh rahi thin band aankein
todnaa na tum ye shaakhein.

Aayaa na ab tak savera,
door hai uskaa baseraa,
jagaa degaa khud hi aake,
lene do kuchh aur saansein.
Keh rahi thi band aankhein,
Todnaa na tum ye shaakhein.

Sapne ka jyon ant aayaa,
panchhiyon ne geet gaayaa.
Lautna meraa hai asambhav,
Kehkar saveraa muskuraayaa.

Kahaa ab jagna hi hogaa.
shaakhon ko katnaa hi hoga.
Kholo ab to band aankhein,
lelo thodi mand saansein.
Padne do kirnein prakaash ki,
dekho laali nav prabhaat ki,
par suno ek baat raaz ki,
jyon hi aaye nisha aaj ki,
band kar lena khuli aankhein,
jud jaengi fir se shaakhein.

मन मेरा

खुली आँखों में चमकते
सपनों को बुनने चला,
मन मेरा खुदको संभाले
क्षितिज को छूने चला।

इन्द्रधनुशी रंग बिखरे
आकाश का टुकड़ा चुरा
आज लरजते और झिझकते
कदमों की बेड़ी हटा,
मन मेरा खुदको संभाले
क्षितिज को छूने चला।

आकाशगंगाएं कई और
तारामंडल भी कई,
अनंत में ढूँढता खुदको

कई सूरजों से जा लड़ा,
मन मेरा खुदको संभाले
क्षितिज को छूने चला।

जाने कितने जानते हैं?
मुझको अपना मानते हैं?
खुद ही से खुद को मिलाने
आज है निकल पड़ा,
मन मेरा खुदको संभाले
क्षितिज को छूने चला।

कितनी आँधी और बवंडर
पलते हैं चुपचाप अंदर,
अश्रुओं संग बहा उनको
ढूँढने फिर नई दिशा,
मन मेरा खुदको संभाले
क्षितिज को छूने चला।

मदमस्त पंखों में छिपी
कितनी उड़ानें शेष हैं,
ललचाई आँखों से उन
पंखों को पाने चला,
मन मेरा खुदको संभाले
क्षितिज को छूने चला।

मन है मन, चंचल बड़ा
आशा भी है शंका भी है
शंकाओं के द्वार बंद कर
आशाएं संग ले चला,
मन मेरा खुदको संभाले
क्षितिज को छूने चला।

Man Meraa

Khuli aankhon mein chamakte
sapnon ko bunane chala,
man meraa khudko sambhaale
kshitij ko chhoone chalaa.

Indradhanushi rang bikhare,
aakash kaa tukdaa churaa,
aaj larajte aur jhijhakte
kadamon ki bedi hataa,
man meraa khudko sambhale
Kshitij ko chhoone chala.

Aakashgangaayein kai aur
taaraa mandal bhi kai,
anant mein dhundta khudko,
kai soorajon se jaa ladaa.

Man meraa khudko sambhaale
kshitij ko chhoone chalaa.

Jaane kitne jaante hain?
Mujhko apnaa maante hain?
Khud hi se khud ko milaane
aaj hai nikal padaa.
Man meraa khudko sambhaale
kshitij ko chhoone chalaa.

Kitni aandhi aur bavandar
palte hain chupchap andar,
ashruyon sang bahaa unko
dhoondhne fir nai disha.
Man meraa khudko sambhaale
kshitij ko chhoone chalaa.

Madmast pankhon mein chhipi
kitni udaanein shesh hain,
lalchai aankhon se un

pankhon ko paane chala,
Man meraa khudko sambhaale
Kshitij ko chhoone chala.

Man hai man, chanchal badaa
asha bhi hai, shankaa bhi hai,
shankaon ke dwaar band kar
aashaon ko le chala,
Man meraa khudko sambhaale
Kshitij ko chhoone chalaa.

तुम गीत आज बस गाओ वो

किरणों सा जो हो उज्जवल
सुरभि सा बिखरा जाए जो।
नित हो वेदों सा प्रतिध्वनित
हर दिशा में गूंजा जाए जो।
हो हर झोंके में घुला हुआ,
और धीमे से छू जाए जो,
तुम गीत आज बस गाओ वो।

हर्षित, पुलकित,
बिन कोई निमत्त,
नित लहरों सा लहराए जो,
तुम गीत आज बस गाओ वो।

हो क्षणिक भले ही सुख जैसा,
हर पीड़ा को पी जाए जो,
तुम गीत आज बस गाओ वो।

Tum Geet Aaj Bas Gao Vo

Kiranon saa jo ho ujjwal,

surabhi sa bikhraa jaae jo.

Nit ho vedon saa pratidhwanit

har dishaa mein goonjaa jaae jo.

Ho har jhonke mein ho ghulaa huaa,

aur dheeme se choo jaae jo,

tum geet aaj bas gaao vo.

Harshit, pulkit,

bin koi nimitt,

nit lehron sa lehraae jo,

tum geet aaj bas gaao vo.

Ho kshanik bhale hi sukh jaisaa,

har peeda ko pee jae jo,

tum geet aaj bas gao vo.

आज, कह दो

बादलों में मै छिपी हूँ,
आओ मेरे पास बैठो।
मन में जो हर बार चुभती,
बात सारी आज कह दो।
रोना जो आए तुम्हें तो,
आँसूं मुझमें ही बहा दो।
और हो गुस्सा कभी तो
क्लेश भी मुझको ही दे दो।

तुम्हारी ही जब वेदना
आंसू तुम्हारे छेड़ देगी,
पिघलूंगी फिर मेघ बन मैं,
धरती फिर उपहार लेगी।
दुःख तुम्हारा फूल बनकर

झूमके लहरा उठेगा,
और हर एक ओस में
आंसू तुम्हारा भी हँसेगा।

Aaj, Keh Do

Baadlon mein mai chhipi hun,
aao mere paas baitho.
Man mein jo har baar chubhti,
baat saari aaj keh do.

Rona jo aaye tumhein to,
aansu mujhmein hi bahaa do.
Aur ho gussa kabhi to
klesh bhi mujhko hi de do.

Tumhaari hi jab vednaa,
aansu tumhaare chhed degi,
pighlungi fir megh ban mai,
dharti fir upahaar legi.

Dukh tumhaaraa phool bankar
jhoomke lehraa uthegaa,
aur har ek os mein
aansu tumhaaraa bhi hansegaa.

खट्टे-मीठे रिश्ते

मुसीबत के समय अपने ही काम आते हैं। ये बस कहावत ही नहीं बल्कि सच में जब सारी दुनिया आपसे मूँह मोड़ लेती है, आपका परिवार आपके साथ एक ढाल बनकर खड़ा हे जाता है। ये कविताएँ ऐसे ही खट्टे- मीठे रिश्तों के नाम हैं।

Whenever we are in trouble, it's our close ones who come to our aid. When the entire world abandons us, our family stands by us as a shield and protects us. These poems are dedicated to such sweet and sour relationships.

ये रिश्ते

कैसे बाँधे रखते हैं हमें आपस में,
रुई के फोहे से कोमल ये रिश्ते।
पर मुसीबत में खड़े हो जाते हैं अचानक
लोहे की दीवार से ये रिश्ते।

कभी माँ की फटकार,
कभी मौसियों का दुलार ये रिश्ते।

भीड़ में पापा के कंधों पे सवार बचपन,
और उसपर दोस्तों की खिल्ली ये रिश्ते।

सुई में पिरोए धागे से होते हैं,
जो छेद से फिसल जाएं
तो नाकाम हो जाते हैं ।

पेड़ पर लगे आम से होते हैं
जितनी देर पेड़ पर रहते हैं,
उतने ही ज़्यादा मीठे हो जाते हैं ।
हर बुरके में मिठास बाँटते ये रिश्ते ।

कभी खिचड़ी से सरल लगते हैं,
कभी मेथी के लड्डू से कड़वे हो जाते हैं।
पर फिर गरम-गरम हलवे में
पिघलते घी से पिघलते ये रिश्ते।

इंट पत्थर की दीवारों को
घर बना देते हैं,
कभी रुई के फोहे से नरम, और कभी
लोहे की दीवार से सख्त ये रिश्ते।

Ye Rishte

Kaise baandhe rakhte hain humein aapas mein,
rui ke fohe se komal ye rishtey.
Par museebat mein khade ho jaate hain achaanak,
lohe ki deewar se ye rishtey.

Kabhi maa ki fatkaar,
kabhi mausiyon ka dulaar ye rishtey.

Bheed mein papa ke kandhon par sawaar bachpan,
aur uspar doston ki khilli ye rishtey.

Sui mein piroye dhaage se hote hain,
jo chhed se fisal jayein
to nakaam ho jate hain.

Ped par pake aam se hote hain,
jitni der ped par hote hain,
utne hi zyaadaa meethe ho jaate hain.
Har burke mein mithaas baantate ye rishtey.

Kabhi khichdi se saral lagte hain,
kabhi methi ke laddoo se kadve ho jaate hain.
Par fir, garam-garam halve mein,
ghee se pighalte ye rishtey.

Eent patthar ki deewaron ko
ghar banaa dete hain,
kabhi rui ke fohe se naram, aur kabhi
lohe ki deewaar se sakht ye rishtey.

सिल्वटें

मेरी उम्र की झुर्रियों के
हर एक बल में छिपी हैं
तुमसे जुड़ी खट्टी-मीठी कई यादें,
ज़रा सी खिंचतें ही बिखर पड़ती हैं
तुम्हारे बचपन की कितनी बातें
इस सूखे जिस्म की सिल्वटों से
वर्तमान के फ़र्श पर।

तुम्हारे लड़खड़ाते पहले कदम
और धप्प से गिरने पर निकले आँसू।
मुझे देखते ही चहकती
तुम्हारी मोहक मुस्कान,
और मुझ तक पहुँचने के लिए
तुम्हारा अचानक ही चल पढ़ना।

स्कूल के पहले दिन के बाद
मुझे ढूँढ़ती तुम्हारी सहमी आँखें,
मुझे देखते ही कह देती थीं
दिन भर की जाने कितनी बातें।

रस्ता पार करते हुए
कसकर मेरी उंगली पकड़ते
तुम्हारे नन्हे हाथ,
जिन्हे चाहिए था
बस माँ का साथ।
तुम्हारी कई शैतानियों में
दोस्त भी तो होते थे तुम्हारे साथ।

तुम्हारी सब बातें ताज़ा कर देता है
तुम्हारा ये अंश,
मानों मेरी झुर्रियों से बहकर
तुम इसमें समा गए हो।
अब ये लड़खड़ाता है,

मुझे ढूँढ़ता है,
मेरी उंगली पकड़ता है।

मुझे डर लगता है
कहीं ये भी बदल न जाए।
चलना सीखते ही
मुझसे अपना हाथ न छुड़ाए
क्यूंकि तब मुझे ज़रूरत होगी
उस सहारे की
जो मैने तुम्हें और इसे दिया था।

Silvatein

Meri umr ki jhurriyon ke
har ek bal mein chhipi hain
tumse judi khatti- meethi kai yadein,
zaraa sa khinchte hi bikhar padti hain
tumhaare bachpan ki kitni baatein
is sookhe jism ki silvaton se
vartamaan ke farsh par.

Tumhaare ladkhadaate pehle kadam
aur dhapp se girne par nikalte aansu.
Mujhe dekhte hi chehakti
tumhari mohak muskaan,
aur mujh tak pahunchne ke liye,
tumhara achanak hi chal padnaa.

School ke pehle din ke baad
mujhe dhoondti tumhaari sehmi aankhein,
mujhe dekhte hi bol padi thi,
Din bhar ki jaane kitni baatein.

Rastaa paar karte hue
kaskar meri ungali pakadte
tumhaare nanhe haath,
jinhein chaahiye thaa
bas maa kaa saath.
Tumhaari kai shaitaaniyon mein
dost bhi to hote the tumhare saath.

Tumhari sab baatein taaza kar deta hai
tumhara ye ansh,
maanon meri jhurriyon se beh kar
tum ismein samaa gaye ho.
Ab ye ladkhadaataa hai,
mujhe dhoondtaa hai,
meri ungli pakadtaa hai.

आशा सिंह गौर • 231

Mujhe dar lagtaa hai,
kahin ye bhi badal na jaae.
Chalna seekhte hi,
mujhse apnaa haath na chhudaaye,
kyunki tab mujhe zaroorat hogi
us sahaare ki
Jo maine tumhein aur ise diya hai.

दो जोड़ी हाथ और दो जोड़ी पैर

मेरे घर को
सर पर उठाए रखते हैं
दो जोड़ी हाथ,
और उसे ज़मीन से
जोड़े रखते हैं
दो जोड़ी पैर।
जब भी चलते हैं
घर साथ लिए चलते हैं
और जब भी रुकते हैं
तो भी घर की ही
मरम्मत कर रहे होते हैं
और सहेज लेते हैं
कुछ टूटे सपने,
कुछ बिखरी आशाएं,
कुछ आहत दिल,

कुछ अधूरी आकांक्षाएं,
कोई अकेली दौड़,
कई जोड़ी सम्भावनाएं।

आँधी हो, तूफान हो
दिन हो या रात,
निरंतर चलते, रुकते,
आराम की भूल से भी
नहीं करते बात।

कभी भौहें चढ़ाकर गुस्सा दिखाते
कभी ठंडी खीर सा प्यार बरसाते,
कभी शैतानियों पर थप्पड़ लगाते
कभी ममता के पलने में लोरी सुनाते,
क्या होता अगर ये भी थक जाते?
माँ- पिताजी के,
ये दो जोड़ी हाथ,
और दो जोड़ी पैर।

अँधेरों में भी सही राह दिखाते,

एक बिखरे मकान को घर बनाते,

बस अपने दम पर

नई दुनिया सजाते

ये दो जोड़ी हाथ,

और दो जोड़ी पैर।

Do Jodi Haath Aur Do Jodi Pair

Mere ghar ko
sar par uthaae rakhte hain
do Jodi haath,
aur use zameen se
jode rakhte hain,
do Jodi pair.

Jab bhi chalet hain,
ghar saath liye chalte hain.
Aur jab bhi rukte hain,
to bhi ghar ki hi
marammat kar rahe hote hain,
aur sahej lete hain
kuchh toote sapne,
kuchh bikhri ashaaein,

kuchh aahat dil,
kuchh adhoori akaankshaaein,
koi akeli daud,
aur kai Jodi sambhaavnaaein.

Aandhi ho, toofaan ho,
din ho ya raat,
nirantar chalet, rukte
aaram ki, bhool se bhi
nahin karte baat.

Kabhi bhauhein chadhaakar gussaa dikhaate,
kabhi thandi kheer saa pyaar barsaate.
Kabhi shaitaniyon par thappad lagaate,
kabhi mamtaa ke palne mein lori sunaate,
Kyaa hotaa agar ye bhi thak jaate?
Maa- pitaaji ke,
ye do Jodi haath,
aur do Jodi pair.

Andheron mein bhi sahi raah dikhate.
Ek bikhre makaan ko ghar banaate.
Bas apne dum par nai duniya sajaate,
ye do Jodi haath,
aur do Jodi pair.

मेरी माँ

बहुत सख्त है मेरी माँ।
बहुत डाँटती है,
बहुत सताती है,
मुझे थक कर कभी रुकने नहीं देती।
गलत से डरकर कभी झुकने नहीं देती।
काँटों के बीच भी राह दिखाती मेरी माँ,
बहुत सख्त है मेरी माँ।

मुझे कमज़ोर होता वो देख नहीं पाती,
हार के पीछे की जीत दिखाती मेरी माँ,
मुझे पंख दे देती है
और कहती है, 'जा उड़',
ये आसमान बस परिंदों के लिए नहीं है।
मुझे मेरा आसमान दिखाती मेरी माँ।

गिर जाऊँ तो झट से गले लगा लेती है
बहुत सख्त है फिरभी,
मेरे हर दर्द को पी जाती है।
मुझे ज़िन्दगी से लड़ना,
और जीतकर जीना सिखाती मेरी माँ।
बहुत सख़्त है मेरी माँ।

मुझे रुकने नहीं देती,
चलना सिखाती मेरी माँ।
मुझे झुकने नहीं देती,
गलत से लड़ना सिखाती मेरी माँ।
बहुत सख़्त है मेरी माँ।

Meri Maa

Bahut sakht hai Meri Maa
bahut daanti hai,
bahut sataati hai,
mujhe thhak ke rukne nahi deti.
Galat se darkar jhukne nahi deti.
Kaanto ke beech bhi raah dikhaati meri maa.
Bahut sakht hai meri maa.

Mujhe kamzor hotaa wo dekh nahi paati
haar ke peechhe ki jeet dikhati meri maa,
mujhe pankh de deti hai,
aur kehti hai, 'jaa ud',
ye aasmaan bas parindon ke liye nahi hai.
Mujhe meraa aasmaan dikhaati meri maa.

Gir jaaun to jhat se gale lagaa leti hai
badi sakht hai par fir bhi
mere har dard ko pee jaati hai.
Mujhe zindagi se ladnaa,
aur jeetkar jeena sikhaati meri maa
badi sakht hai meri maa.

Mujhe rukne nahi deti,
chalnaa sikhaati meri maa.
Mujhe jhukne nahi deti,
galat se ladnaa sikhaati meri maa.
Badi sakht hai, meri maa.

पेड़ पर अटकी पतंगें

यह कविता माता-पिता और उनके बच्चों के बीच संबंधों का एक प्रतीकात्मक विवरण है। माता-पिता हमेशा चाहते हैं कि उनके बच्चे आसमान की ऊंचाइयों को छूएं और उसे संभव बनाने के लिए वे एड़ी-चोटी का ज़ोर लगा देते हैं। मैं यह नहीं कह सकती कि कितने बच्चे ये समझते हैं, लेकिन कुछ बच्चे अपनी सफलता में माता-पिता की भूमिका को समझते भी हैं और उनके प्रति बहुत आभारी हैं।

पेड़ पर अटकी सभी पतंगें
उड़ी थीं कभी यहीं धरती से।
कुछ हाथों ने मिलके उनको
दी थी ढील इसी परती से।
कुछ कदम डोर थी जुडी हुई,
सीमाओं में वो बंधी रही।
धीरे से ही पर इसपर भी
वो निरंतर आगे बढ़ती रही।

फिर आया एक वो पल भी
जब हवा ज़ोरों से बलखाई।
और हवा के झटकों में,
कमज़ोर डोर वो टूट गई।

टूट गए बंधन सारे
तारों कि ओर वो उचक चली।
पतंग मुक्ता सी हर्षाति
दूर गगन में उड़ी चली।

तारों में जाके यूँ अटकी
वो रौशनियों में रहना चाहती थी।
ऊंचाइयों से जाके जुड़ गई
वो शिखरों कि अभिलाषी थी।

कृतज्ञ थीं फिर भी,
संतुंष्ट नहीं हो पाती थी,
पल-पल हवा में लहराती
झुक-झुक नमन कर जाती थी।

धरती से प्रेम है अब भी अमर,
अब भी वो यूँ झुक आती हैं।
चाहे नापें जितने अम्बर,
इसी धरती से उड़के जाती हैं।

Ped Par Ataki Patangein

This poem is a symbolic representation of relationship between parents and their children. Parents always want their children to reach the skies, and they do everything in their might to make that possible. I can't say how many children understand that, but many understand their parent's role in their success and are extremely grateful to them.

Ped par atki sabhi patangein,
udi thi kabi yahin dharti se.
Kuchh haathon ne milke unko,
di thi dheel isi parti se.

Kuchh kadam dor thi judi hui,
seemaaon mein wo bandhi rahi.
Dheere se hi par ispar bhi,
vo nirantar aage badhti rahi.

Fir aaya ek vo pal bhi,
jab hawaa zoron se balkhaai.
Aur hawaa ke jhatkon mein,
kamzor dor vo toot gai.

Toot gae bandhan saare,
taaron ki or vo uchak chali.
Patang muktaa si harshaati
door gagan mein udi chali.

Taaron mein jaake yun atki,
vo raushniyon mein rehnaa chaahti thi.
Oonchaiyon se jaake jud gai,
vo shikharon ki abhilaashi thi.

Kritagya thin fir bhi,
santusht nahin ho paati thin.
Pal-pal hawa mein lehraati
jhuk-jhuk naman kar jaati thi.

Dharti se prem hai ab bhi amar,
ab bhi wo yun jhuk aati hain.
Chaahe naapein jitney ambar,
isi dharti se udke jaati hain.

बचपन की यादें

हम कितने भी बड़े हो जाएँ पर अपना बचपन कभी नहीं भूल पाते। बचपन के खेल, शैतानियाँ, झगड़े, बड़े होने पर सब बहुत याद आते हैं। बचपन के साथ उन बातों में छिपी मासूमियत भी गुम हो जाती पर बचपन ज़िंदा रह जाता है, यादों में। उन्हीं प्यारी- प्यारी यादों के नाम हैं ये कुछ कविताएँ।

No matter how old we get, we never forget our childhood. The games we played, our mischiefs and fights, we miss all that and more once we grow up. With childhood, the innocence hidden in those antics also disappears, but childhood still stays alive, in our memories. These are some poems dedicated to those lovely memories.

बचपन की होली

रंग रंगीली मस्तानी सी
होती थी बचपन की होली।

रंगों की थैली और गुब्बारे,
रंगीले पानी से भरके,
सुबह सवेरे बिन कुछ खाए
निकल पड़ती बच्चों की टोली,
रंग रंगीली मस्तानी सी
होती थी बचपन की होली।

पकड़कर सबको रंग लगाते
हाथ में ले हथियार गुब्बारे,
साध निशाना दे मारते,
गूँजती थी रंगों की बोली।
रंग रंगीली मस्तानी सी
होती थी बचपन की होली।

हाथ में रख गहरे रंग गीले
पड़ते थे पीठों पर छापे
रंगों की बारिश से बनती
चहरों पर सतरंगी रंगोली ।
रंग रंगीली मस्तानी सी
होती थी बचपन की होली।
भूख लगे पर घर कब जाते?
खुल जाते थे कितने दरवाज़े,
लगा रंग घर में हर जन को
गप कर जाते लड्डू, गुजिया और जलेबी।
रंग रंगीली मस्तानी सी
होती थी बचपन की होली।

सूरज चढ़ता गरमी बढ़ती
पानी को पिचकारी तरसती
खड़े होते हम छज्जे नीचे
कहते 'अण्टी पलटो बालटी'।
रंग रंगीली मस्तानी सी
होती थी बचपन की होली।

भरी दोपहरी बारह के आगे
आखिरकार घर को हम भागे,
दबे पाँव घुसते-घुसते भी
पड़ ही जाती माँ की झिड़कीं।
रंग रंगीली मस्तानी सी
होती थी बचपन की होली।

जाने कैसे पहचान जाती थीं
रंग में लिपटे शैतान परिंदे,
देख जिन्हें घबरा जाते थे
घरमें लटके सारे शीशे।
फटकारना, फिर लाड लड़ाना
घिस घिसकर फिर हमें नेहलाना,
खिलाना खाना अपने हाथों से
प्यार है माँ का अजब पहेली।
रंग रंगीली मस्तानी सी
होती थी बचपन की होली।

बदरंग बड़ी फीकी-फीकी सी
होती है आजकल की होली।

धरती प्यासी, पानी की किल्लत
सूखती नदियाँ, सिमटते पनघट
भूखे पेट सोते कितने जन,
किन-किन को मिलती है रोटी।
बदरंग बड़ी फीकी-फीकी सी
होती है आजकल की होली।

या तो तब परवाह नहीं थी
न तो कद, न उम्र सही थी
पर अब प्यासे होंठ देखकर
कैसे भाए गुजिया, जलेबी?
बदरंग बड़ी फीकी फीकी सी
होती है आजकल की होली।

ओ रे श्याम कोई रास रचाओ
बिन मौसन बारिश ले आओ
भीगे जो मिट्टी का सीना
भर जाए चहुं ओर ठिठोली।
मिल-जुलकर फिरसे सब खेलें
रंग रंगीली मस्तानी सी,
मेरे बचपन जैसी होली।

Bachpan Ki Holi

Rang rangili mastaani si
hoti thi bachpan ki holi.
Rangon ki thaili aur gubbare
rangeele paani se bharke
subah savere bin kuchh khae
nikal padti bachchon ki toli.
Rang rangili mastaani si,
hoti thi bachpan ki holi.

Pakadkar sabko rang lagaate
haath mein le hathiyaar gubbaare
saadh nishaanaa de maarte,
goonjati thi rangon ki boli.
Rang rangili mastaani si
hoti thi bachpan ki holi.

Haath mein rakh gehre rang geele
padte the peethon par chhaape,

rangon ki baarish se banti
chehron par satrangi rangoli.
Rang rangili mastaani si
hoti thi bachpan ki holi.

Bhook lage par ghar kab jaate?
Khul jaate kitne darvaaze,
lagaa rang ghar mein har jan ko
gap kar jaate laddo, gunjiya aur jalebi.
Rang rangili mastaani si
hoti thi bachpan ki holi.

Sooraj chadhta, garmi badhti
paani ko pichkari tarasti.
Khade hote hum chhajje neeche
kehte, "aunty palto Balti".
Rang rangili mastaani si
hoti thi bachpan ki holi.

Bhari dopehri baaraah ke aage,
aakhirkar ghar ko hum bhaage

dabe panv ghuste-ghuste bhi
pad hi jaati maa ki jhidkin.
Rang rangili mastaani si
hoti thi bachpan ki holi.

Jaane kaise pehchaan jaati thi
rang mein lipte shaitaan parinde,
dekh jinhein ghabraa jaate the
ghar mein latke saare sheeshe.
Fatkaarna, fir laad ladaanaa,
ghis-ghiskar fir humein nehlaanaa.
Khilaanaa khaanaa apne haathon se
pyaar hai maa ka ajab paheli.
Rang rangili mastaani si
hoti thi bachpan ki holi.

Badrang badi feeki-feeki si
hoti hai aajkal ki holi.

Dharti pyaasi, paani ki killat
sookhti nadiyaan, simatate panghat,

bhooke pet sote kitne jan,
Kin-kin ko milti hai roti.
Badrang badi feeki-feeki si
hoti hai aajkal ki holi.

Ya to tab parvaah nahin thi,
na to kad, na umra sahi thi.
Par ab pyaase honth dekhkar,
kaise bhaye gunjiya, jalebi?
Badrang badi feeki-feeki si
hoti hai aajkal ki holi.

Oh re Shyaam koi raas rachao,
bin mausam, baarish le aao,
bheege jo mitti ka seena
bhar jae chahun or thitholi.
Mil-julkar firse sab khelein,
rang rangili mastaani si,
mere bachpan jaisi holi.

बचपन वाली मेहँदी

अब भी ठीक ही है
पर तब तुम मुझे ज़्यादा प्यारी लगती थीं
जब तुम किसी और के नहीं,
बल्कि मेरे नाम की हुआ करती थीं।

हर दीवाली, दशहरे से पहले
ढलते सूरज के छिप जाने से पहले
आँगन में से तोड़ लाती थीं माँ
तुम्हारी ताज़ी कोमल पत्तियाँ
और सिल-बट्टे पर रगड़ कर तैयार कर देती थीं
रंगने को हमारी नन्ही हथेलियाँ।

रात के खाने के बाद
घर के बाहर वाले लैंप-पोस्ट के नीचे
आस पड़ोस की सभी माओं और बच्चों से

भर जाते थे घांस के गलीचे।
किसी के हाथों पर बनता चाँद,
किसी पर सूरज और किसी पर
बनते तारे प्यारे प्यारे।
बच्चों का काम ख़तम कर
माओं की बारी आती
एक दूसरे के हाथों पर वो
बारीक बेल बूटे बनातीं
एक दूसरे की हथेलियाँ देख
हम खूब कमी निकालते
पर फिर खेल-खेल में
सब शिकायतें भूल जाते।
नींद आती, तो माँ से बोलते
"माँ, ये सूख नहीं रही,
देखो ना ये शायद रच नहीं रही"

अलसाई आँखों को देख
माँ सब समझ जाती,
मेहँदी पंखे के नीचे सुखाने को कह,

हमें घर में छोड़ आती।
मेहँदी वाली रातों को बिस्तर
फर्श पर ही लगता
और दूसरे दिन हाथों के साथ
और बहुत कुछ रचा मिलता।

पर अब...
तुम ना रचो तो कई सवाल।
तुम रच जाओ तो काम पर बवाल।
तुम्हें लगाने के लिए
अपॉइंटमेंट लेना पड़ता है,
और कभी-कभी लगाने के लिए
वक्त ही कहाँ मिलता हैं।

उस समय तुम कितनी हठी हुआ करती थी,
हाथ पर टिकती ही नहीं थीं।
अब तो लगाते ही चिपक जाती हो,
सूखने के बाद भी
कड़ी मशक्कत करवाती हो।

जाने क्या-क्या मिलाते हैं तुममे
कई बार बीमारियाँ भी दे जाती हो।

तुम्हारी महक मुझे
अब भी बहुत सुहाती है,
पर फिर भी वो बचपन वाली मेहँदी
मुझे बहुत याद आती है।

Bachpan Wali Mehandi

Ab bhi theek hi hai
par tab tum mujhe zyada pyaari lagti thi
jab tum kisi aur ke nahi
balki mere naam ki hua karti thi.

Har diwali, dashehre se pehle,
dhalte suraj ke chip jaane se pehle,
aangam mein se tod laati thi ma
tumhari taazi komal pattityan,
aur sil-batte par ragad kar taiyaar kar deti thin
rangne ko hamaari nanhi hatheliyaan.

Raat ke khaane ke baad
ghar ke baahar waale lamp post ke neeche
aas pados ki sabhi maon aur bachon se
bhar jaate the ghaans ke galeeche.
Kisi ke haathon par bantaa chaand,

kisi par sooraj aur kisi par
bante taare pyaare-pyaare.

Bachon ka kaam khatam kar
maayon ki baari aati,
ek doosre ke haathon par wo
baareek bel boote banaatin.

Ek doosre ki hatheliyaan dekh
hum khoob kamee nikaalte
par fir khel-khel mein
sab shikaytein bhool jate.
Neend aati, to maa se bolte
'maa, ye sookh nahi rahi,
dekho naa, ye shayad rach nahi rahi"

Alsaayee aankhon ko dhek
maa sab samajh jaati,
mehandi pankhe ke neeche sukhane ko keh,
hamein ghar mein chhod aati.

Mehandi wali raaton ko bistar
farsh par hi lagtaa,
aur doosre din haathon ke saath
aur bahut kuchh rachaa miltaa.

Par ab...
Tum na racho to kai sawaal.
Tum rach jaayo to kaam par bawaal.
Tumhein lagaane ke liye
appointment lena padtaa hai,
aur kabhi-kabhi lagaane ke liye
vaqt hi kahaan miltaa hain.

Us samay tum kitni hathi huaa karti thi,
haath par tikti hi nahi thi.
Ab to lagaate hi chipak jaati ho,
sookhne ke baad bhi
kadi mashakkat karvaati ho.
Jaane kyaa- kyaa milaate hain tum mein
kai baar bimariyaan bhi de jaati ho.

Tumhaari mehak mujhe
ab bhi bahut suhaati hai,
par fir bhi wo bachpan wali mehandi
mujhe bahut yaad aati hai.

बचपन

वो बारिश की बूँदें,
वो कागज़ की नइया
लहरों पे बैठा था,
अपना खिवैया।

वो राजा, वो रानी,
वो किस्से कहानी,
सुनाया करती थीं
जो रातों को नानी।

लकड़ी के घोड़े पर
निकलती सवारी,
ख़ुशी में हमारी,
खुश होती दुनिया सारी।
और ठोकर लगने पर

जो गिरते धपक से,
आंसुओं संग हमारे,
बह जाती दुनिया सारी।

वो पेड़ों पर चढ़ना
और चढ़कर फिसलना।
वो झूले पर चढ़कर
अम्बर पर लपकना।
वो पानी पकड़ना,
वो मिट्टी का चखना,
गुड़िया को सजाना
और शादी रचाना।,
वो लड़ना-लड़ाना
और हल्ला मचाना।
पड़ोस के बाग़ से
आम चुराना,
और शोर मचते ही
झट-पट दौड़ जाना।
छिप गए कहाँ पर

जाकर न जाने,
वो दिन मस्ती के,
मस्ती के तराने।

ये बचपन के पंखों पर
लिखे फ़साने,
तितलियों से चटकीले,
झरनों से सुहाने।
कभी कवियों की
कल्पना को सजाते।
कोरे कागज़ पर
रंग बिखराते।
कभी खोई सी आँखों में
सपने सजाते।
ये रहते हैं ताज़ा,
किस्सों में, यादों में,
ये कहाँ होते हैं पुराने।

Bachpan

Vo barish ki boondein,
vo kaagaz ki naiyaa,
lehron pe baithaa thaa
apnaa khivaiyaa.

Vo rajaa, vo raani,
vo kisse kahaani,
sunaayaa karti thin,
jo raaton ko naani.

Lakdi ke ghode par
nikalti sawaari,
khushi mein hamaari,
khush hoti duniya saari.
Aur thokar lagne par
jo girte dhapak se,

aansuyon sang hamaare
beh jaati duniya saari.

Vo pedon par chadhna
aur chadhkar fisalna,
vo jhoole par chadhkar
ambar par lapaknaa.
Vo paani pakadnaa,
vo mitti ka chakhnaa,
gudiyaa ko sajaanaa
aur shaadi rachaanaa.
Vo ladnaa-ladaanaa
aur halla machaanaa.
Pados ke bag se
aam churana,
aur shor machte hi
jhat-pat daud jaana.

Chhip gaye kahaan par
jaakar na jaane,

vo din masti ke,

masti ke taraane.

Ye bachpan ke pankhon par

likhe fasaane,

titliyon se chatkile,

jharnon se suhaane.

Kabhi kaviyon ki

kalpanaa ko sajaate.

Kore kaagaz par

rang bikhraate.

Kabhi khoi si aankhon mein

sapne sajaate.

Ye rehte hain taazaa,

kisson mein, yaadon mein,

ye kahaan hote hain puraane.

गर्मी कि छुट्टियाँ

बड़ी खूबसूरत होती थी वो गर्मी कि छुट्टियाँ
कभी देखा नहीं मैंने, उनके पैर भी हुआ करते थे,
अक्सर मेरी तन्हाइयों में घुस आती हैं
मुझे यादों कि सैर पर ले जाने के लिए।

उस कोने वाले पुराने घर के बगीचे में,
जहाँ पिताजी ने कई पौधे लगाए थे।
पपीता, मिर्ची, करेला, करीपत्ता,
और गेंदे के पौधे में तो फूल भी लग आये थे।
सब उस विषाल आम के पेड़ तले पल रहे थे,
जिस पर गर्मियों में पत्तियाँ काम और आम ज़्यादा होते थे।
और नाश्ते के बाद हम उसी पर चढ़े मिलते थे।

आम तोड़ने के बाद, हम चुपके से,
रसोई से नमक भी ले आते थे,
और बिल्डिंग की छत के बंद हिस्से में
छिपकर आम खाते थे।

फिर ले चलती हैं ये मुझे
उस रेलगाड़ी के सफर पर,
जहाँ हम खिड़की के लिए खूब झगड़ते थे,
और फिर चिपककर, साथ ही बैठ जाया करते थे।
चलती रहती थी रेलगाड़ी और पीछे छूटते जाते थे
कई गाँव, कई घर, कई पेड़, कितने पहाड़,
बहुत से खेत और कई खलिहान।

दो दिन के सफर में,
माँ के बनाये करेले कि सब्जी
और पूरी भी ख़तम हो जाते थे।
फिर आ जाता था दिल्ली स्टेशन,
जहाँ के प्लेटफार्म पर बिकते
आलू मटर कि सब्जी और पूरी
शायद पिताजी के लिए ख़ास थे,
क्यूंकि गर्मी कि छुट्टियों के हर सफर में
वो हमारे साथ थे।

दिल्ली से पंजाब तक का सफर
एक सुनहरे सपने सा लगता था।

आशा सिंह गौर • 273

दूर-दूर तक बिखरी दिखती हरियाली,
और सरसों का गलीचा बिछा दिखता था।

फिर याद दिला देतीं हैं ये मुझे
वो नानी का घर, जहाँ
सब भाई बेहन मिलके
खूब धमाचौकड़ी मचाते थे।
एक छत से दूसरी छत और फिर
दूसरी से तीसरी पर कूदते,
बड़ों को बड़ा नाच नाचते थे।

रात को बिस्तर छत पर ही लगता,
जहाँ टिमटिमाते तारों तले
नींद का लंगर पड़ता।

सुबह दूर से आती रेलगाड़ी की आवाज़ से आँखें खुलती
सूरज कि किरणों से हलकी हवाएं बातें करतीं।
चूल्हे पर पराठों पर घी जो पिघलता
खुशबू से पूरा का पूरा घर यों महकता

कि बिन बुलाये ही छत से नीचे आ जाते,
और चूल्हे के पास हम झट से बैठ जाते।

अब क्या-क्या बताऊँ दिल भर भी आता है,
इस डाइटिंग के दौर में बचपन,
नानी के बनाये पकवान भी याद दिला जाता है।

वो आटे के बिस्कुट, खुरमे, मखाने,
जो लाती थी नानी हर शाम, चाय के बहाने।
याद दिला गई एक- एक करके,
वो गर्मी कि छुट्टियाँ चलते-चलते।

वो नलके का पानी और चूल्हे पर बनी रोटी,
लीपा हुआ आँगन, उसमें खटिया और पीढ़ी।
और कितनी ही खुशियों की याद दिला दी,
इन भूली सी यादों की भी सैर करा दी।

Garmi Ki Chhuttiyaan

Badi khoobsurat hoti thi wo garmi ki chhuttiyaan,

kabhi dekhaa nahin maine, unke pair bhi huaa karte the

aksar meri tanhaaiyon mein ghus aati hain,

mujhe yaadon ki sair par le jaane ke liye.

Us kone waale puraane ghar ke bageeche mein

jahan pitaaji ne kai paudhe lagaae the.

Papita, Mirchi, Karela, Karipatta,

aur gende ke paudhe mein to phool bhi lag aaye the.

Sab us vishaal aam ke ped ki chhaon mein pal rahe the

jis par garmiyon mein pattiyaan kam aur aam zyaadaa hote the,

aur nashte ke baad hum usi par chadhe milte the.

Aam todne ke baad hum chupke se rasoi se
namak bhi le aayaa karte the
aur building ki chhat ke band hisse mein
chhipkar aam khaayaa karte the.

Fir le chalti hain ye mujhe
us relgaadi ke safar par
jahaan hum Khidki ke liye khoob jhagadte the
aur fir chipak-kar saath hi baith jaayaa karte the.
Chalti rehti thi relgaadi aur hamaare dekhte hi dekhte
peechhe chhootte jaate the
kai ganv, kai ghar, kai ped, kitne pahaad,
bahut se khet aur kai khalihaan.
Do din ke safar mein
maa ke banaaye karele ki sabji
aur poori bhi khatam ho jaate the.

Fir aa jaata tha nai dilli station,
jahaan ke platform par bikte
aaloo matar ki sabji aur poori

shayad pitaaji ke liye khaas the.
Kyunki garmiyon ki chhutti ke har safar mein
wo hamaare saath the.

Dilli se Punjab tak kaa safar
ek sunehre sapne saa lagtaa thaa.
Door-door tak bikhri dikhti hariyali
aur sarson kaa galichaa bichhaa dikhtaa thaa.

Fir yaad dilaa deti hain ye mujhe
vo naani kaa ghar, jahaan
sab bhai behen milke
khoob dhamaachaukadi machaate the
ek chhat se doosri chat, aur fir
doosri se teesri pe koodte
badon ko badaa naach nachaate the.

Raat ko bistar chhat par hi lagtaa,
jahan timtimaate taaron tale
neend kaa langar padtaa.

Subah door se aati relgaadi ki awaaz se aankhe khulti

sooraj ki kiranon se halki hawayein baatein kartin.

Chulhe par paraathon par ghee jo pighaltaa

khushboo se poora ka poora ghar yun mehektaa,

ki bin bulaaye hi chhat se neeche aa jaate

aur chulhe ke paas hum jhat se baith jaate.

Ab kyaa-kyaa bataaun dil bhar bhi aata hai,

is dieting ke daur mein bachpan

nani ke bane pakwaan bhi yaad dila jaataa hai.

Wo aate ke biscut, khurme, makhaane

jo laati thi naani, har shaam chai ke bahaane.

Yaad dilaa gayi sabhi ek-ek karke

wo garmi ki chhuttiyaan chalte-chalte.

Wo nalke kaa paani aur chulhe par bani roti,
leepa huaa aangan, usmein khatiyaa aur peedhi.
Aur kitnee hi khushiyon ki yaad dilaadi,
in bhooli yaadon ki bhi sair karaadi.

समाप्त

आशा सिंह गौर, मुंबई की एक कंटेंट राइटर हैं। कविताओं के प्रति शुरू से ही उनका गहरा खिंचाव रहा और जल्द ही वे खुद को शब्दों के माध्यम से व्यक्त करने लगीं।

उनकी कविताओं में एक अलग अभिव्यक्ति है। उनकी कविताएँ उनके परिवेश, आस-पास के लोगों, प्रकृति और महत्वपूर्ण घटनाओं से प्रेरित हैं। वह खुद को एक विशेष विषय में सीमित नहीं करतीं और विभिन्न विषयों पर लिखना पसंद करती हैं जिसमें प्रेम, देशभक्ति, नारीवाद, जीवन, परिवार, और बहुत से विषय शामिल हैं।

उनकी कुछ कविताओं को विभिन्न स्तरों पर सराहा और सम्मानित किया जा चूका है। उनका मानना है कि कविताएँ साझा की जाना चाहिए। कविताएँ किसीको प्रेरणा दे सकती हैं और किसी के अकेलेपन की मूक साथी होती हैं। कविताएँ जन साधारण को एक जुट करने कि क्षमता रखती हैं।

यह पुस्तक कवयित्री द्वारा लिखी गई लगभग पचास अनूठी कविताओं का संकलन है। इस संकलन की पांडुलिपि को एक युवा हिंदी कवि द्वारा कविताओं के सर्वश्रेष्ठ संकलन के लिए 2015 में सम्मानित किया गया था। अंततः इस पुस्तक के साथ वो अपनी दिल को छू जाने वाली कविताओं को पाठकों तक ले जाने का साहस कर रही हैं।

Printed in the USA
CPSIA information can be obtained
at www.ICGtesting.com
LVHW041319051023
760079LV00007B/968

9 781639 045396